junior

W0324934

Réussir ses galops 1 à 4

Agnès SOULET DE BRUGIÈRE

Illustrations
Marine OUSSÉDIK

BELIN | 8, rue Férou 75278 Paris cedex 06
www.editions-belin.com

ISBN 978-2-7011-**4216**-6

Sommaire

Sur le poney

N'oublie pas !

En descendant de poney

Le coin des parents

Galop 3

À côté du poney

Sur le poney

En descendant du poney

Galop 4

À côté du poney

Sur le poney

En descendant de poney

Les Galops

Qu'est-ce qu'un Galop ?

Lorsque tu entres à l'école, tu apprends que les différentes classes que tu vas fréquenter ont chacune un nom : C.P., C.E.1, C.E.2, C.M.1, C.M.2.

Dans les sports c'est pareil, il y a différents niveaux, et chaque sport a donné un nom à ces niveaux. Par exemple :

- en ski, il y a les flocons puis les étoiles...
- en judo il y a les ceintures : blanche, jaune...
- en équitation, ces niveaux s'appellent les **Galops.**

Si tu vois **Galop** écris avec une majuscule, il s'agit de l'examen ; par contre, si tu vois galop écrit avec une minuscule, il s'agit de l'allure du poney.

L'examen

Il existe 9 Galops. Dans ce livre nous allons te parler des **4 premiers Galops.**

Aux **Galops 1 et 2,** tu vas apprendre à monter ton poney aux trois allures, à être à l'aise sur son dos, et à le conduire où tu veux. Tu apprendras à monter avec ou sans étriers et tu découvriras comment sauter par-dessus un obstacle.

Aux **Galops 3 et 4,** tu vas apprendre à conduire ton poney sans rester derrière les autres, à sauter plusieurs obstacles qui se suivent, et à faire beaucoup d'autres choses.

▸ La personne qui va t'enseigner l'équitation, ainsi que la vie du poney et du monde qui l'entoure, s'appelle le moniteur ou la monitrice.

Était-il obligatoire de passer les Galops ?

▸ Non ce n'est pas obligatoire, tu peux progresser sans passer de Galops. Mais préparer les Galops va te permettre de découvrir la vie du poney et du monde qui l'entoure.

Comment faire pour passer les Galops ?

▸ Si tu as envie de passer les Galops, préviens ton enseignant. Il t'indiquera comment se préparent les examens. Tu n'es pas obligé de passer un niveau chaque année, mais en général, on passe un examen par an : c'est ce qui permet d'être bien formé.

Autour des Galops

▸ Tu vas progresser pendant tes leçons d'équitation. Mais tu peux aussi apprendre beaucoup de choses en passant ton après-midi au club, et en observant tout ce qui s'y passe. Petit à petit tu pourras aider, rendre service, et ainsi gagner beaucoup d'expérience.

▸ Certains clubs proposent des **stages** pendant les vacances. On appelle un stage deux, trois quatre ou cinq jours passés au club. Mais il existe des stages qui durent beaucoup plus longtemps. Ils permettent d'apprendre un tas de choses en dehors de l'équitation, mais toujours liées aux poneys et aux chevaux comme par exemple "enlever et mettre une couverture", "nettoyer les affaires du poney" etc. Je te recommande d'en faire le plus possible.

Le coin des parents

S'équiper

- Comme dans tous les sports, l'équitation nécessite une tenue adaptée qui permet de pratiquer avec aisance et sécurité.

- Le plus important est le casque. Si les clubs en prêtent généralement un, il est plus hygiénique d'avoir le sien. Le plus recommandé est un « casque trois points », adapté à l'équitation : il est léger, reste sur la tête même en cas de chute, et protège la nuque. Il est d'ailleurs adopté par tous les grands cavaliers car il est très esthétique. Rendez vous dans une boutique spécialisée qui pourra vous renseigner sur la bonne taille pour votre enfant.

- Si dans votre grenier vous avez encore la bombe de votre grand-oncle, ne la proposez pas à votre enfant. Les règles de sécurité de l'époque étaient, disons... succinctes.

- Tant que votre enfant ne monte pas avec des étriers, il peut être en chaussures de sport.

- Mais dès qu'il commencera l'apprentissage de l'équitation avec des étriers, vous devrez lui mettre soit des « bottes de pluie », soit des bottes d'équitation.

- Ces bottes sont indispensables avec les étriers pour des raisons de confort, mais aussi et surtout pour des raisons de sécurité car la présence du talon empêche le pied de glisser dans les étriers. Si votre enfant monte en chaussures de sport, son pied risque de glisser entièrement dans l'étrier (car il n'y a pas de talon pour retenir le pied), la languette de la chaussure peut se bloquer dans l'étrier, et il pourrait se retrouver « coincé » en cas de chute ou même s'il voulait simplement descendre. L'étrier doit toujours pouvoir s'ôter rapidement !

- Une autre alternative aux bottes sont les boots avec des mini-chaps. L'avantage est qu'elles sont moins chaudes en été.

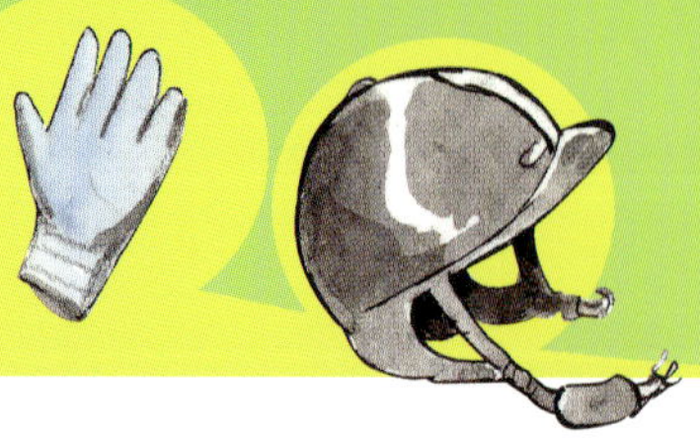

Les gants ne sont pas très appréciés par les jeunes mais sont indispensables en hiver (ils sont une bonne idée de cadeau !). Vous en trouverez de très bien adaptés à l'équitation dans les boutiques spécialisées. Comme en colonie il faut impérativement coudre le nom de votre enfant à l'intérieur (ou le broder dessus, les grands-mères font cela très bien !) car les enfants ont généralement tous les mêmes modèles.

Pour le « haut », préférez des vêtements près du corps, pas trop longs, se défaisant sur le devant, afin de pouvoir ôter la « première couche » facilement, sans être obligé d'enlever le casque.

Évitez les blousons qui « font du bruit » quand les bras frottent sur le corps, et préférez un blouson court « silencieux » lorsque les bras bougent.

Pour des raisons de sécurité, évitez les écharpes, les bijoux, et attachez les cheveux longs.

Avis aux mamans et aux papas : les poneys et les chevaux perdent leurs poils régulièrement. Sur un sweat-shirt en coton cela s'enlève facilement en le secouant ; sur les pulls en laine ou en acrylique, cela devient une activité à part entière !

Le matériel nécessaire au brossage du poney peut-être prêté par le club ou bien il faut acquérir le sien (une nouvelle idée de cadeau !). Vous trouverez la liste de ce matériel pages 26 et 27.

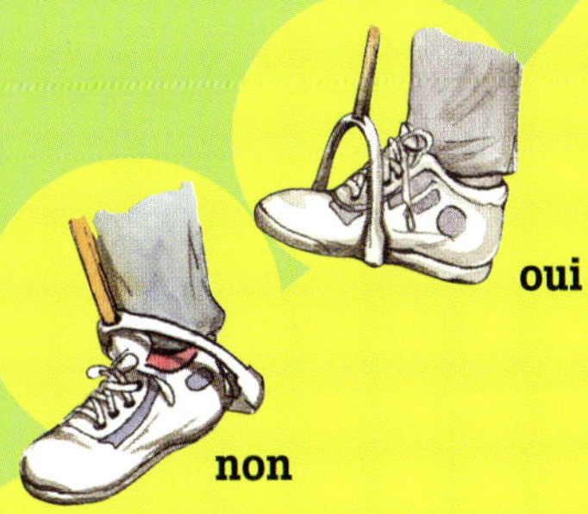

Galop 1

À côté du poney

L'accueil au poney club

Sur ce dessin, tu peux voir que l'enseignant est dans la pièce d'accueil du club ; cette pièce s'appelle aussi **le club-house.**

Sur le grand tableau, l'enseignant, indique quel poney chaque enfant monte : cela s'appelle **le montoir.**

La **reprise** est le nom que l'on donne à la leçon d'équitation.
Lorsque vous serez tous à poney les uns derrière les autres (c'est-à-dire à la queue leu leu) vous serez **en reprise.**

L'écurie est l'endroit où habitent les poneys.
Dans les écuries, les noms des poneys sont inscrits sur la porte de leurs boxes, mais tu apprendras petit à petit à les reconnaître grâce à leurs couleurs variées (que je vais te décrire page 14).

Les habits du poney sont rangés dans la **sellerie.**
C'est une pièce où tu trouveras le matériel pour t'occuper du poney et le préparer.

La sellerie

La sellerie est la pièce où chaque cavalier range sa selle, mais aussi beaucoup d'autre matériel.

La **selle** est ce que tu mets sur le dos du poney, pour t'asseoir dessus. La selle des chevaux est plus grosse et plus lourde que celle des poneys. Il en existe une, toute légère, pour les poneys de petite taille : la **bardette.**

Le **filet** te permet de conduire le poney lorsque tu es sur son dos. Pour cela, tu prends une rêne dans chaque main. Les rênes sont une partie du filet.

Le **licol** te permet de conduire le poney lorsque tu es à pied à côté de lui. Tu as une corde dans la main.

Le licol

Le filet
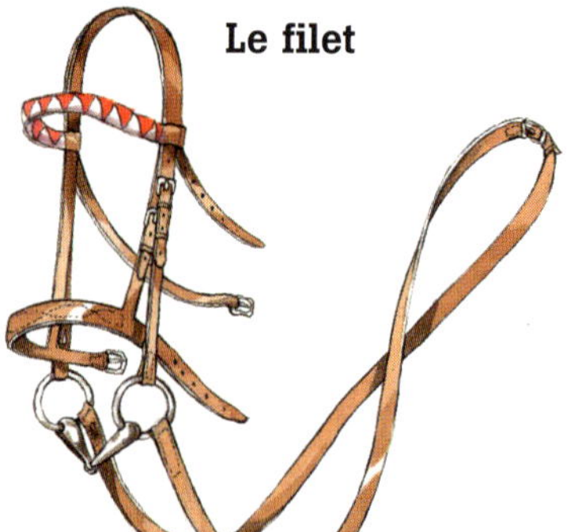

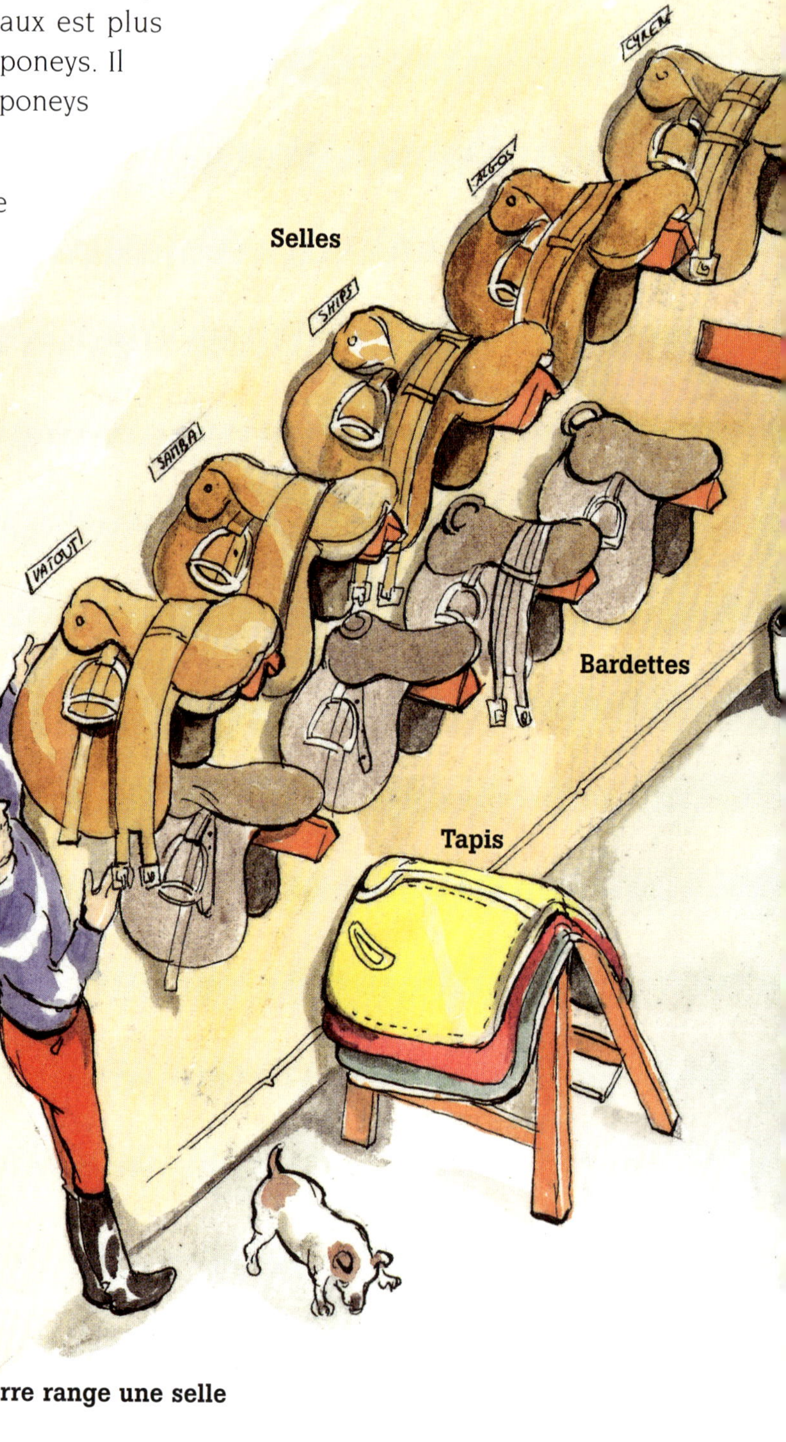

Pierre range une selle

Des filets bien rangés à leur place
Du matériel de pansage rangé dans des boîtes (explication page 26)
Marine nettoie sa selle
Laurène porte sa selle et son filet
Jean porte un pot de graisse à pied (explication page 111)

Les robes

Pour parler de la couleur d'un animal, tu regardes son pelage. Le pelage est l'ensemble de ses poils. Chez un cheval ou un poney, la couleur de ce pelage s'appelle une **robe.**

Le mot **pelage** est utilisé pour les animaux sauvages, tandis que le mot **robe** est utilisé pour les animaux domestiques.

Pie

Je vais te parler de la robe du poney aussi bien pour un « poney-fille » que pour un « poney-garçon ».
– les cheveux du poney s'appellent les **crins,**
– la chevelure du poney s'appelle la **crinière,**
– la queue est composée de crins aussi, mais beaucoup plus longs.

Pour décrire la robe d'un poney tu regardes :
– la couleur des poils de son corps,
– la couleur de ses crins,
– la couleur du bas de ses quatre jambes : cela s'appelle les extrémités.

Une nouvelle classification des robes existe depuis 1999, car de plus en plus de poneys et de chevaux ont des robes originales. Regarde dans le rabat de couverture une autre façon de ranger les familles de couleur.

Dans toutes les couleurs dont je vais te parler tu trouveras toujours des couleurs plus foncées et d'autres plus claires. Je ne t'explique que les couleurs principales. C'est ton enseignant qui te montrera toutes les différences possibles avec les poneys de ton club.

Les couleurs simples

Blanc, alezan, noir et café au lait.

Il n'y a qu'une seule couleur sur tout le poney. Chaque couleur peut être plus ou moins foncée. La crinière et la queue peuvent être aussi plus ou moins foncées.

Les couleurs séparées

Bai, isabelle, souris.

Il y a une couleur pour le corps. Les extrémités, la queue et la crinière sont noires.

Le nom **"isabelle"** a été donné à une couleur en souvenir de la reine Isabelle 1re d'Espagne. Elle avait décidé de ne pas changer son chemisier blanc tant que son mari ne reviendrait pas de la guerre. Celle-ci dura longtemps. Lorsque le roi, rentra le chemisier de la belle dame était jaune avec le col et les bords des manches noirs.

Gris : poils noirs
et blancs mélangés

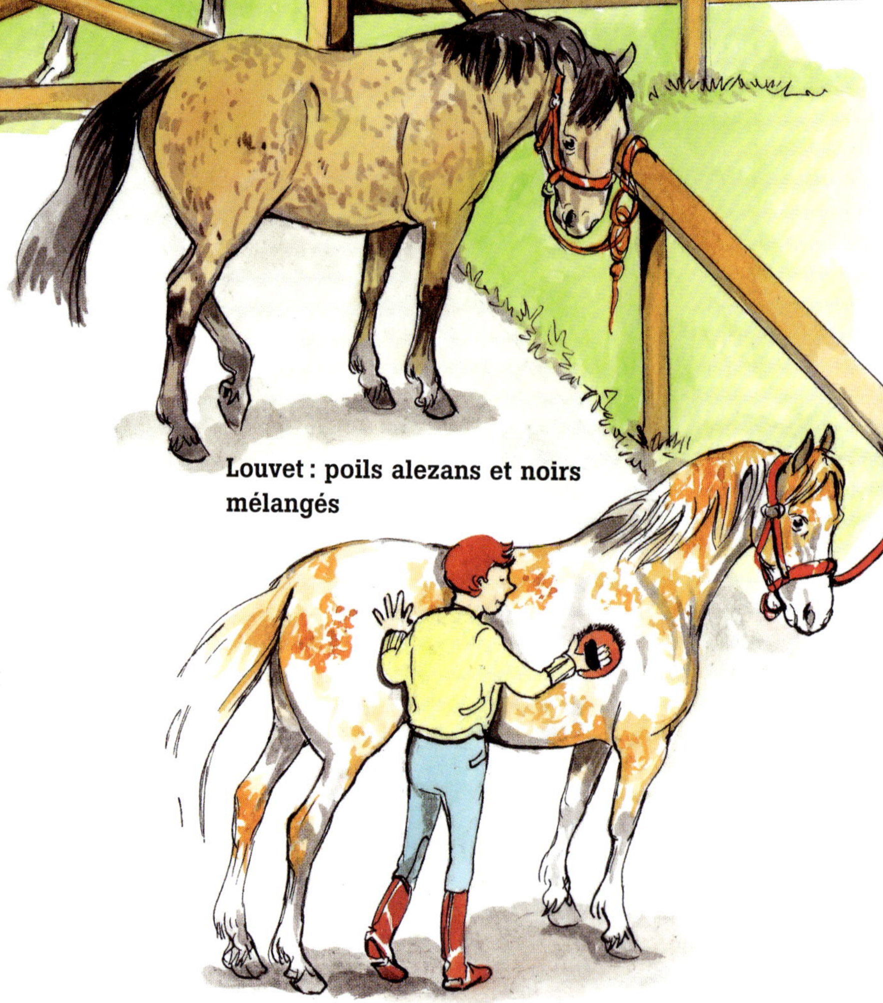

Louvet : poils alezans et noirs
mélangés

Aubère : poils blancs et alezans mélangés

Deux couleurs mélangées

- **Gris, aubère, louvet.**
- Si tu regardes de près la robe du poney, tu t'aperçois qu'il y a deux couleurs. Les poils des deux couleurs sont tous mélangés.
- Le nom **louvet** rappelle la couleur du loup.
- Toutes les couleurs peuvent être plus ou moins foncées, le **gris** par exemple, peut être presque blanc.

Trois couleurs mélangées

▸ **Rouan.** C'est une couleur toujours formée de noir, de blanc et d'alezan.

▸ Tu observeras en regardant de près la robe de ce poney qu'il y a bien des poils de trois couleurs mais ils sont tous mélangés.

Deux couleurs spéciales

▸ **Palomino** et **appaloosa.** Elles sont à la fois le nom d'une couleur et le nom d'une race de poneys.

▸ Chez les indiens "Nez-percés" les poneys et les chevaux de la couleur appaloosa étaient très appréciés. Ils en faisaient l'élevage. Ils arrivaient à avoir des chevaux tachés de différentes manières. Ils vivaient près de la rivière Palouse. C'est de là que vient leur nom.

Deux couleurs, en grandes taches

▸ **Pie.**

▸ Tu observes que cette fois-ci les deux couleurs sont séparées, elles dessinent de grandes taches, c'est la couleur **pie.** Les taches peuvent avoir des formes très différentes !

▸ On l'a nonmée pie car lorsque les taches sont noires et blanches cela fait penser à l'oiseau du même nom.

La différence entre un poney et un cheval

Cheval de trait

▸ Tu as remarqué que, chez les adultes, certains sont grands, d'autres sont de taille moyenne, et d'autres encore sont petits. Chez le poney et le cheval c'est la même chose.

▸ La taille du poney et du cheval se prend au garrot.
Jusqu'à 1,48 mètre c'est un poney.
A partir d'1,49 mètre c'est un cheval.

▸ Bien sûr il y a des poneys petits, moyens ou grands, et des chevaux qui sont, aussi, petits, moyens ou grands.

▸ Le double poney est un poney de taille moyenne.

La famille du cheval

Chevaux de selle
Shetland
Double poney

Zèbre
Âne
Onagre

Anneau
d'attache
La longe
est attachée
à un anneau
SAMBA
Lou va aborder
un poney dans
sa stabulation
Marie a ouvert
la porte du box
en grand pour
sortir son poney
Philippe sort
un poney de
la stabulation

« Bonjour poney ! »

Maintenant que tu connais le nom du poney que tu montes, il faut le trouver dans les écuries.

La « chambre » du poney s'appelle le **box.** Tu vas t'apercevoir qu'il y a des poneys qui sont seuls dans leur box, et d'autres qui sont à plusieurs dans le même box.

Le **box** est un endroit fermé avec une porte. Tandis que la « chambre » de plusieurs poneys s'appelle une **stabulation.**

Lorsque tu approches ton poney, il faut le prévenir que tu arrives. Il peut être en train de manger, et ne pas t'avoir entendu arriver. Pour ne pas le surprendre, tu dois l'appeler par son nom, ou chanter, ou siffler. Dans tous les cas, tu dois faire un peu de bruit avant d'ouvrir la porte du box ou de la stabulation. Il va t'entendre et relever la tête ou se tourner un peu pour regarder qui arrive. C'est à ce moment que tu peux entrer.

Tu dois l'approcher tout doucement, en lui parlant : cela s'appelle **l'aborder.**

Sur la porte du box, est écrit le nom du poney

Louise a mis un licol à son poney

Comment reconnaître la gauche de la droite

Voici
ta main gauche

Sabine
est à gauche
de Polochon

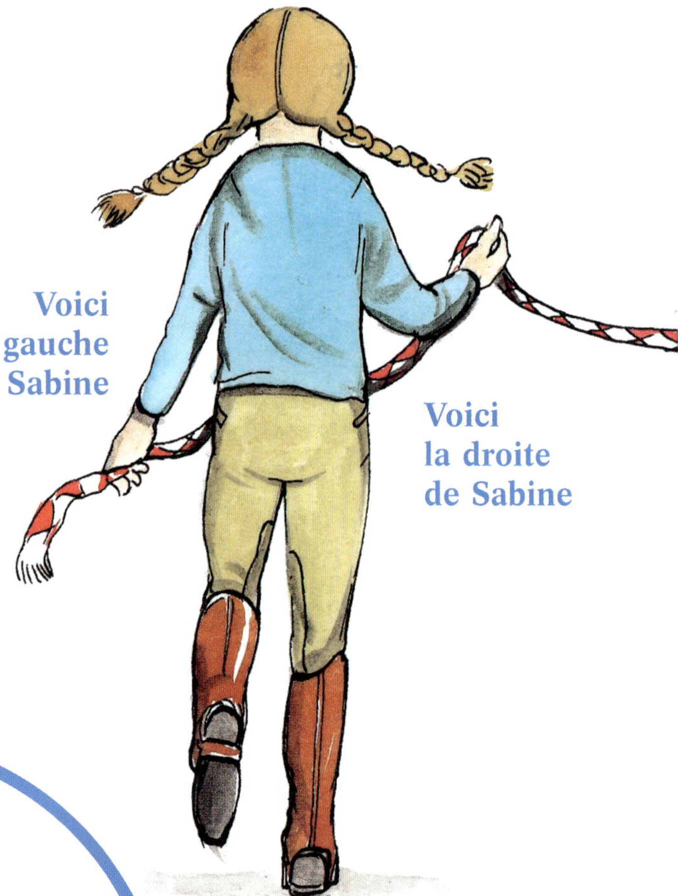

Voici
la gauche
de Sabine

Voici
la droite
de Sabine

Le garçon
est à droite
du poney

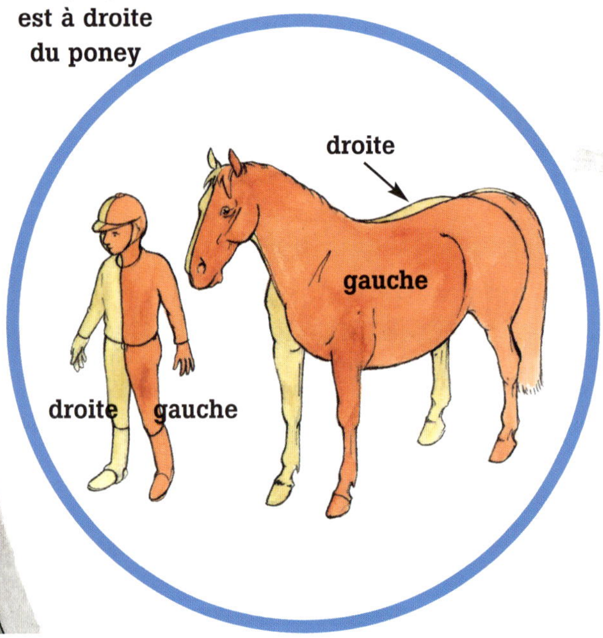

Polochon
est à droite
de Sabine

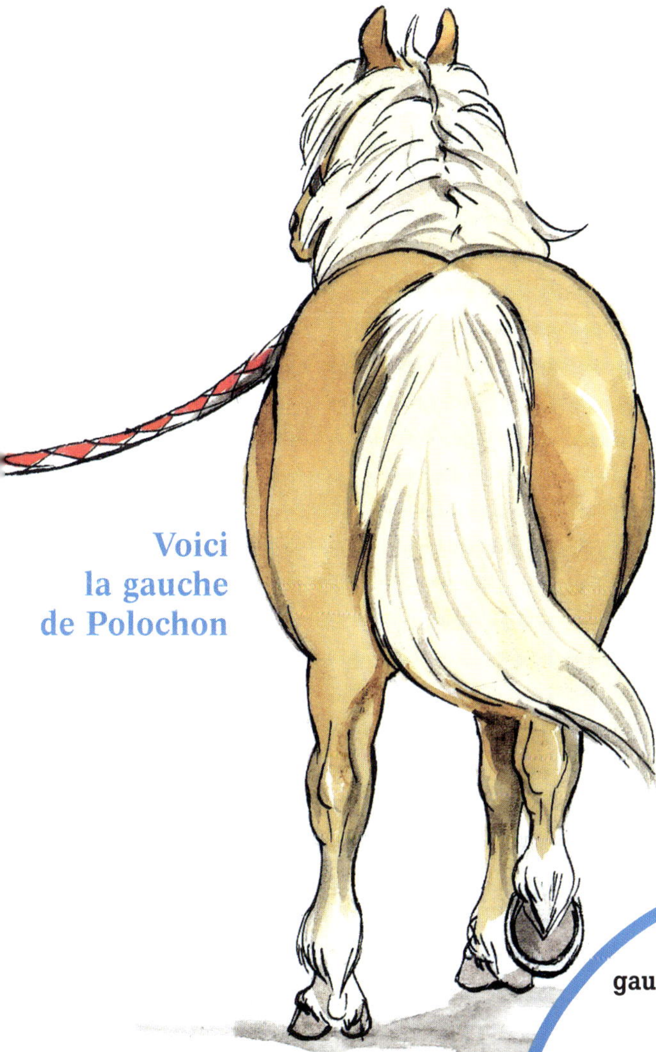

Voici
la gauche
de Polochon

Voici
la droite
de Polochon

Voici
ta main droite

Le garçon
est à droite
du poney

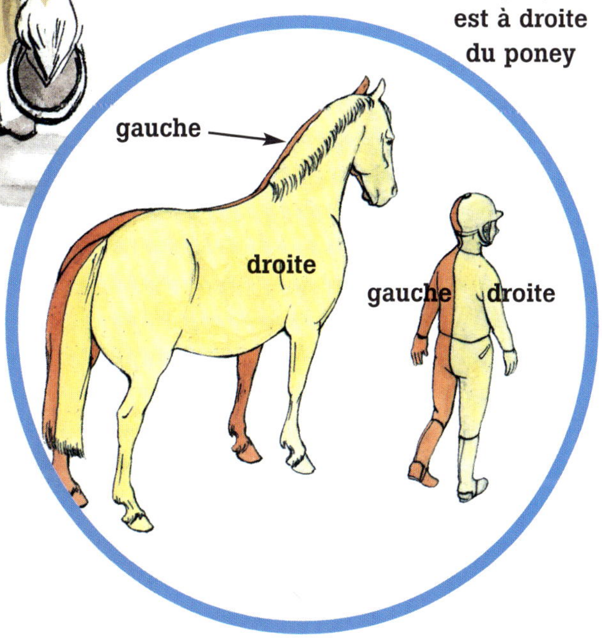

Mettre un licol

1

Le **licol** sert à prendre le poney pour le conduire lorsque l'on est à pied cela s'appelle : **conduire son poney en main.**

Une corde est attachée au licol, c'est la **longe.** La longe est attachée au licol par **un mousqueton (p. 72).**

Avant de mettre le licol, tu dois **le préparer** c'est à dire ouvrir la boucle, bien voir où le nez du poney va entrer, et poser la longe sur l'encolure.

2

Pour **mettre le licol :**
– tu te places à gauche du poney, la longue lanière dans la main droite,
– tu prends la boucle dans la main gauche (1),
– tu glisses le licol autour du bout du nez du poney,
– tu passes la cette grande lanière derrière les oreilles, puis tu la glisses dans la boucle (2).

Tu prends la longe dans la main droite, près du mousqueton. Tu prends le reste de la longe dans la main gauche sans l'enrouler autour de ta main (car si ton poney tirait cela te serrerait la main).

Avance vers l'endroit où tu veux aller, sans regarder ton poney, il va te suivre.

Attacher un poney

- Fixés sur le mur des écuries il y a des anneaux en fer. On les appelle des **anneaux d'attache.** C'est à ces anneaux que tu attaches la longe (c'est-à-dire la corde du licol).

- S'il n'y en a pas demande à ton enseignant où attacher ton poney.

- Le poney doit être attaché ni trop long car il pourrait se prendre un pied dans la longe, ni trop court car il pourrait se sentir prisonnier et risquerait de se débattre.

- Pour attacher son poney il faut faire un nœud spécial : **le nœud d'attache.** C'est un nœud qui peut se défaire rapidement.

Comment faire un nœud d'attache

Nettoyer le poney

Nettoyer le poney s'appelle **effectuer le pansage.**
Panser son poney cela veut dire le nettoyer.

Pour le premier Galop il t'est demandé de savoir **effectuer un pansage élémentaire.** Cela veut dire un pansage simple. Pour cela il te faut du **matériel de pansage.**

Le matériel de pansage comprend : **l'étrille, le bouchon, la brosse douce** et **le cure-pieds.**

L'étrille est une brosse en plastique ou en fer. Elle a comme « des petites dents ». Elle se passe en rond sur le corps du poney, mais pas sur la tête, ni sur les membres. Elle sert à enlever les grosses saletés.

Le bouchon est une brosse, malgré ce drôle de nom !… qui a des poils. En brossant en rond avec l'étrille, tu as ébouriffé tous les poils. Le bouchon va te permettre de le « recoiffer », dans le sens des poils, pour le rendre encore plus beau, mais aussi enlever ce qu'il reste de poussière.
Tu peux passer le bouchon sur tout le corps, sur les jambes du poney, et dans la crinière.
Évite de passer cette brosse dans la queue car tu arracherais ses longs crins qui ont mis si longtemps à pousser. S'il y a des saletés dans la queue tu les enlèves avec la main.

La brosse douce sert à brosser la tête du poney.

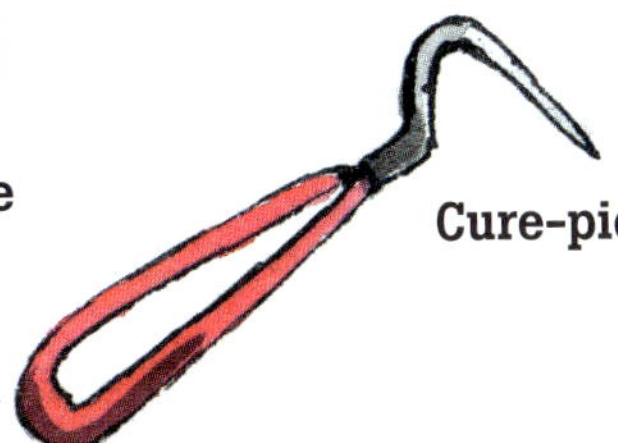

Lever et curer les pieds

▸ Tu dois curer les pieds de ton poney. Cela veut dire que tu dois nettoyer la partie qui est sous le pied.

▸ Pour cela, tu utilises un **cure-pied.**

▸ Pour curer les pieds, tu demandes à ton poney de lever ses pieds.
Voici un nouveau mot pour parler des jambes du poney : **les membres.**

1

2

▸ Pour **prendre un des pieds** du poney, glisse ta main le long de son membre (1 et 3). Tire sur la mèche de poils que tu trouves en bas de la jambe. Cela s'appelle le **fanon.** Le poney va lever son pied, et à ce moment tu prends son sabot dans ta main (2 et 4).

4

3

Les différentes parties du poney

Chaque partie du corps de ton poney porte un nom. Le dessin ci-dessous te montre les noms qu'il faut que tu connaisses. En les brossant régulièrement tu t'en souviendras rapidement !

Le poney et le cheval n'ont pas de « pattes » mais des jambes (5). Ils n'ont pas une « gueule » mais une bouche (6).

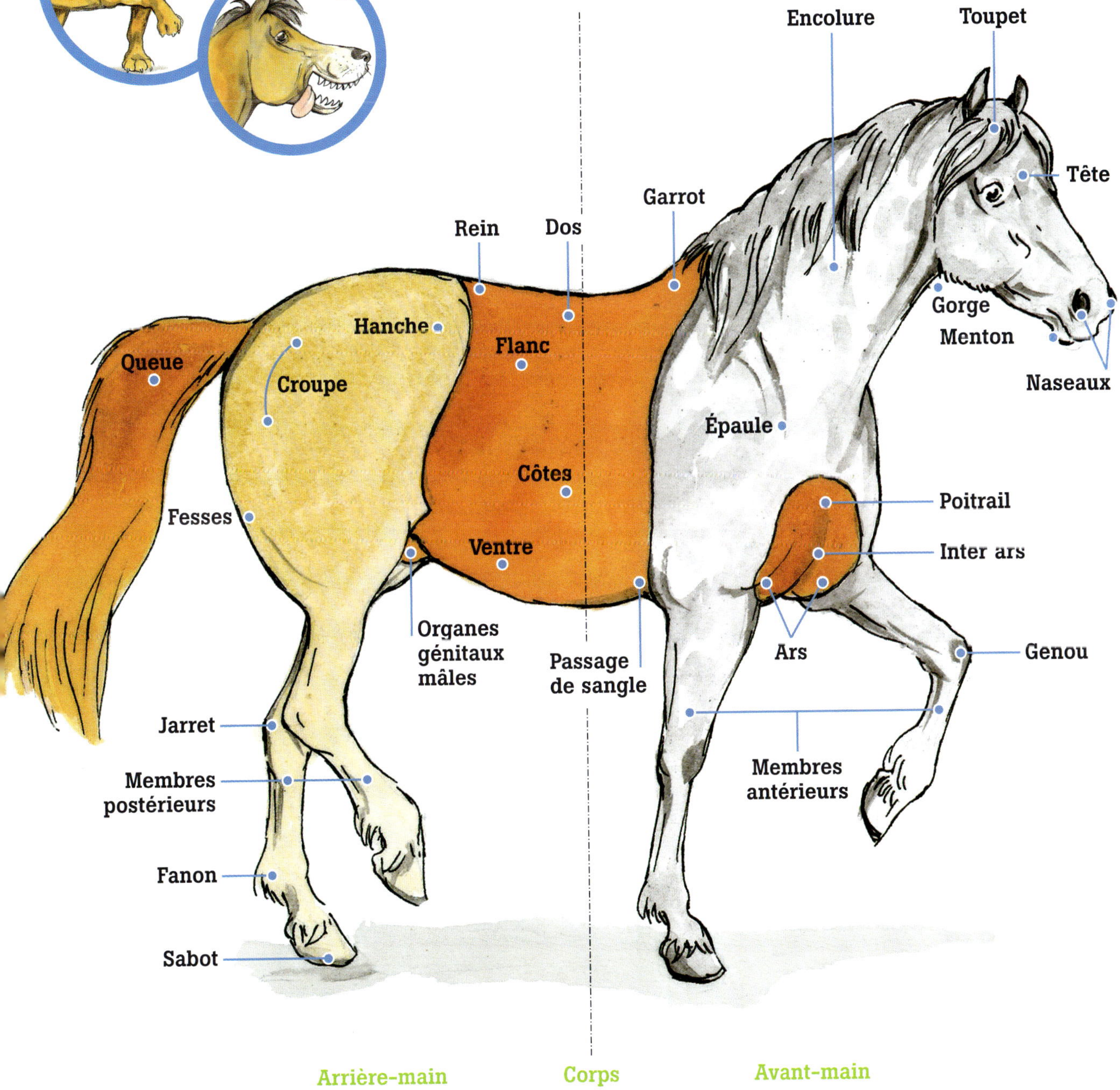

Sur le poney

Amener sa monture en main sur le terrain

- Voici un nouveau mot pour parler de ton poney : **ta monture,** car tu montes dessus.

- Une fois que ton poney est prêt, tu le conduis à l'endroit où a lieu la leçon :
– soit le **manège,** c'est un grand hangar.
– soit la **carrière,** c'est un endroit sans toit, avec une barrière qui le délimite.
Dans les deux cas, le sol est constitué d'une bonne couche de sable.

- Pour emmener ton poney dans la carrière ou dans le manège, passe les rênes par-dessus sa tête.
Avec ta main droite, tu prends les deux rênes sous le menton (p. 29) du poney, et avec ta main gauche, tu prends le reste des rênes, pour qu'elles ne traînent pas par terre.

- Avance, naturellement, et ton poney va te suivre.

- Quand tu arrives dans le manège ou dans la carrière, ne t'arrêtes pas trop près d'un autre poney.

- Dans le manège tu as des **lettres** ou des **dessins** pour t'aider à te repérer.

- Une fois dans le manège ou dans la carrière, il y a différentes façons de faire :
– soit, tous les cavaliers s'alignent au milieu, les uns à côté des autres,
– soit, tu emmènes ton poney sous un dessin ou une lettre, pour monter dessus.
Demande à ton moniteur ou ta monitrice comment faire.

- Le petit chemin qui fait tout le tour du manège s'appelle **la piste.**

Pour monter à poney

- Prends tes deux rênes, assez courtes, dans ta main gauche, pour que ton poney comprenne bien qu'il doit rester arrêté.

- Puis : soit, tu sautes à poney ; soit, tu prends un « tabouret ».

Tenir ses rênes

▸ Prend tes rênes comme sur le dessin (1), fais glisser une main (2), place le **flot** des rênes vers l'avant (3), puis prend tes deux rênes de façon à ce que tes pouces soient vers toi, les petits doigts en direction de la tête du poney. Ferme tes doigts sur les rênes (4). Le pouce serre la rêne sur l'index.

▸ **Ajuster ses rênes** veut dire avoir les rênes à la bonne longueur.

▸ La **bonne longueur** est celle qui te permet de communiquer avec ton poney.
– si tes rênes sont trop longues, ton poney ne comprend pas ce que tu lui demandes,
– si tes rênes sont trop courtes, il est gêné et il ne peut pas t'obéir.

1

2

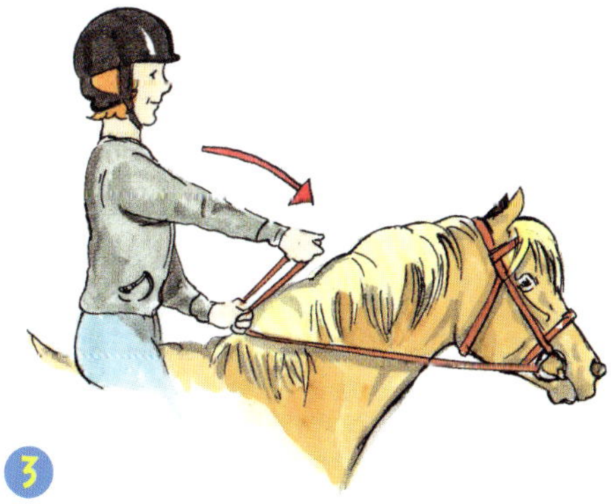
3

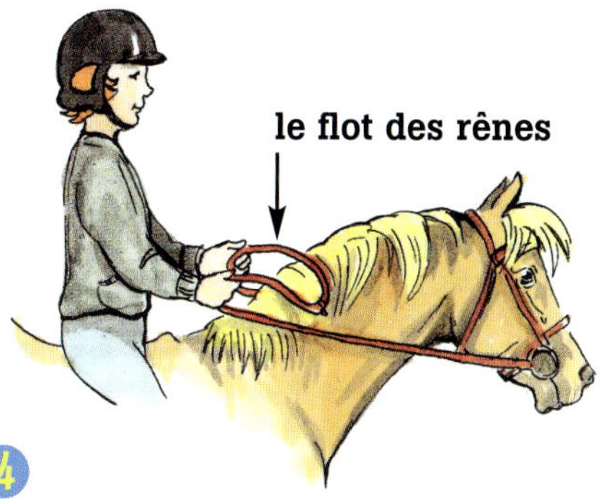

4

Au pas, bien assis sur ton poney

Quand tu marches à pied, tu es en équilibre au-dessus de tes pieds. Sur ton poney, tu dois être en équilibre au-dessus de tes fesses.

Pour **être en équilibre,** tu poses tes deux fesses bien au milieu de la bardette (p. 12) lorsque tu t'assieds sur ton poney. Il ne faut pas te pencher d'un côté ou de l'autre. En étant bien assis, tu vas trouver ton équilibre sur le poney même s'il bouge.

Pour faire **avancer** ton poney **au pas,** tu serres les jambes. Si cela ne suffit pas, tu talonnes. Cela veut dire donner des petits coups de talons sur le ventre du poney. Fais attention de ne pas tirer sur les rênes à ce moment-là. **Tirer** sur les rênes veut dire : « **Arrête-toi,** poney ! »

Dès que ton poney marche au pas, tu arrêtes de talonner.

Au pas, conduire sur des grands virages

- Tu sais faire avancer ton poney, maintenant tu vas le faire **tourner.**
- Tes rênes sont ajustées (p. 33), et tu serres tes jambes pour rester au pas.
- Pour **tourner à gauche :** déplace tes deux mains vers la gauche, tourne ton haut du corps de la tête jusqu'au nombril, comme si tu avais une lampe attachée au nombril qui voulait éclairer où tu vas.

S'arrêter

- Pour **t'arrêter,** soulève tes deux mains en serrant tes doigts sur les rênes (1). Ne les soulève pas plus haut que ton nombril. Grandis-toi, et mets tes épaules légèrement en direction de la queue du poney. Lorsque ton poney s'arrête, baisse les mains (2).
- Pour **repartir** au pas, serre tes jambes.

H
S

Au trot, bien assis sur ton poney

Le poney a trois **allures :** le pas, le trot et le galop. Lorsque qu'il est au trot, on dit qu'il trotte.

Au trot, tu risques d'être un peu secoué !

Pour **prendre le trot,** quand tu es au pas, tu serres tes deux jambes un peu plus fort, jusqu'à ce que ton poney prenne le trot. Tes mains ne doivent pas se lever.

Sur ta bardette, il y a une poignée, que tu peux tenir avec une main. La main qui tient la poignée garde sa rêne.
Écarte l'autre main avec sa rêne, vers le mur, pour garder ton poney sur la piste.

Quand tu es au trot, il faut que tu restes bien assis au milieu de ton poney, et les épaules bien en arrière.

Dès que le poney trotte, tu n'as plus besoin de serrer les jambes. S'il ralentit, tu talonnes à nouveau pour lui dire « continue le trot ».

Pour **revenir au pas,** tire légèrement sur tes rênes en disant « oh ! oh ! », et en te penchant en arrière.

Découvrir le galop

- Quand le poney est au galop, on dit qu'il **galope.**
- Ton enseignant t'aidera sûrement à partir au galop au début.
- Pour **partir au galop,** tu serres les deux jambes, jusqu'à ce que ton poney prenne le galop.
Tu peux tenir la poignée de ta bardette d'une main (comme au trot). Écarte l'autre main (tout en gardant ta rêne) vers le mur pour garder ton poney sur la piste.
- Pour galoper, tu conserves la même position qu'au trot, c'est-à-dire les épaules en arrière, et bien assis au milieu de ton poney.
- Pour **ralentir,** tire légèrement sur ta rêne du « mur » en disant « oh, oh », et en te penchant en arrière.
- Le galop secoue moins que le trot ; c'est une allure plus rapide mais plus confortable.
- Sur les champs de courses les jockeys font galoper leurs chevaux le plus vite possible.
Ils sont dans une autre position sur le cheval que la tienne.
Mais dans le manège, rassure-toi, les poneys galopent tranquillement…

N'oublie pas !

Le poney est un nouvel ami

Le poney est un animal. Tu dois le respecter. Cela veut dire que tu dois apprendre à le connaître pour savoir ce qu'il aime et ce qu'il n'aime pas.

- Ton enseignant est là pour te donner les conseils pour faire du mieux possible.
- Pose toutes les questions qui te passent par la tête.
- Observe-le, sois curieux, c'est la meilleure façon de découvrir le poney et le monde qui l'entoure.

Le poney est différent de toi.

- Il aime vivre avec ses copains. Il aime son box ou son pré.
- Il aime être chouchouté, mais il aime bien être tranquille aussi.

Le poney passe sa journée et sa nuit enfermé dans son box.

- Tu peux lui offrir des récréations en lui rendant visite.
- Tu peux le brosser même si tu ne le montes pas.
- Demande à ton enseignant si tu peux l'emmener en licol brouter un peu d'herbe.

Plus tu lui consacreras du temps, plus il sera heureux.

Les consignes de sécurité

Autour du poney

- Les écuries ne sont pas un terrain de jeux.
- Ne joue pas à faire peur à ton poney, sa réaction pourrait te faire mal.
- Ouvre grand la porte du box quand tu sors ou que tu rentres ton poney.
- Les poneys n'aiment pas les cris et les mouvements brusques.
- Range bien tout ton matériel.

À poney

- Ne laisse pas ton poney embêter un autre poney.
- A l'arrêt, tes rênes ne traînent pas par terre !
- Garde tes distances entre deux poneys qui se suivent.
- Mets toujours une bombe quand tu montes, et attache-la.
- Si tu dois ôter un vêtement, préviens ton moniteur.

La conduite sur des grands virages

Pour conduire sur les virages

- Ajuste bien tes rênes.
- Regarde où tu veux aller.
- Talonne régulièrement.

En descendant de poney

Après la reprise

- Quand la reprise est terminée, il y a encore beaucoup de choses à faire. Prends ton poney par les rênes, comme nous l'avons vu page 31, et ramène-le à l'endroit où tu l'as préparé.

- Maintenant, c'est à toi de le déshabiller et de ranger son matériel.

- Regarde bien le dessin (1), pour voir comment attacher le poney quand tu arrives à sa place.

Débrider, desseller

- **Débrider** veut dire enlever le **filet** qui est sur la tête du poney.
- Regarde bien les dessins (2 à 5), pour comprendre comment défaire ton filet.
- Ne laisse pas traîner ton matériel par terre. Une fois que tu as enlevé le filet, tu le mets sur ton épaule. Puis, tu enlèves la selle.
- **Desseller** veut dire enlever la selle ou la bardette.
- **La sangle** est la « ceinture » qui fait le tour du ventre du poney et qui maintient la selle sur le dos du poney.
Défais la sangle, tire la bardette vers toi, et va ranger le matériel à sa place.

2
Le filet est sur la tête du poney

3
Détache les lanières qui passent sous la tête du poney

4
Fais glisser le filet vers les oreilles pour l'enlever

5
Fais attention à bien le passer par dessus les oreilles

Les différentes activités équestres

- L'équitation est un sport qui peut se pratiquer en toutes saisons et dans presque tous les pays du monde.

- Avec un ballon, on peut faire du foot-ball, du basket-ball, et de nombreux autres jeux.
C'est la même chose avec un poney ou un cheval : on peut pratiquer de nombreux sports, cela s'appelle des **activités équestres.**

- Par exemple :
– le dressage,
– le saut d'obstacle (1),
– le cross (3),
– la promenade,
– la voltige (2),
– le pony-games.

- Il en existe de nombreux autres, que tu découvriras dans le rabat de la couverture.

Le coin des parents

La pédagogie

● Grâce à l'équitation sur poneys votre enfant va pouvoir découvrir à de nombreuses activités : équitation traditionnelle, horse-ball, voltige, attelage, polo, etc. (voir le rabat).

● Si vous avez inscrit votre enfant dans un club c'est que certains critères vous ont séduits.
Faites confiance à l'équipe pédagogique. Une fois votre enfant accompagné, laissez-le à son enseignant. Ayez la même attitude que lorsque vous le déposez à l'école, ne restez pas ! Si vous avez l'impression que votre enfant est perdu, livré à lui-même, que personne n'est là pour l'aider, lui apprendre, peut-être faut-il revoir le choix de ce club !

● Par courtoisie pour l'enseignant et pour ne pas semer le trouble dans les jeunes cerveaux, attendez d'être à la maison pour parler de vos expériences et de votre savoir-faire...

● La pédagogie équestre destinée aux enfants a bien évolué ces dix dernières années.
Et c'est tant mieux ! Il n'est plus à démontrer aujourd'hui que le jeu est le moyen de communication privilégié des enfants. La pédagogie, en faisant découvrir la technique grâce aux jeux, est devenue aujourd'hui performante. « L'élève placé dans une situation donnée, avec un but à atteindre, fait sa propre expérience, ses propres découvertes par le jeu des essais et des erreurs. (De *l'Enfant au Cavalier*, collectif, Écho des poneys) ». L'enfant apprend par plaisir.

● Le jeu en détournant l'enfant de sa peur, lui permet de se motiver vers la réussite.
Le jeune cavalier accepte de perdre dans un jeu. Alors qu'un échec dans un exercice, sous l'œil de l'enseignant et des autres, c'est beaucoup plus difficile à vivre !

● « L'erreur est utile, l'élève va devoir améliorer son habileté pour la supprimer. Il va donc y avoir évolution... L'élève ne progresse pas comme s'il gravissait un escalier, marche après marche, mais en restructurant ses connaissances. A chaque apport nouveau l'élève réorganise et développe sa structure initiale de compétence. Tout son être bénéficie de cet élargissement. »

D'après *Enseigner l'équitation*
de J.-L. Force.

Galop 2

À côté du poney

Poils d'hiver et poils d'été

Le poney et le cheval changent de poils en fonction des saisons. En automne, ils perdent leur poil d'été pour un poil plus chaud… Au printemps ils perdent leur poil d'hiver pour reprendre un poil d'été, plus fin.

En hiver les poneys sont généralement très poilus. Les poils forment une fourrure très efficace contre le froid. S'il vit dehors, il se roulera même dans la boue, pour avoir une épaisseur de plus.
Grâce à son poil, le poney ne craint pas le froid, le vent et la pluie.
Lorsqu'il pleut, la pluie glisse sur son poil et la peau qui est dessous n'est pas mouillée.

Les particularités des robes

Les **particularités** des robes sont les marques blanches que le poney possède sur la tête et sur les membres.

Sur sa tête, le poney peut avoir différentes taches, que l'on appelle **les marques en têtes.**

Les marques blanches sur les jambes s'appellent les **balzanes.**

Les balzanes

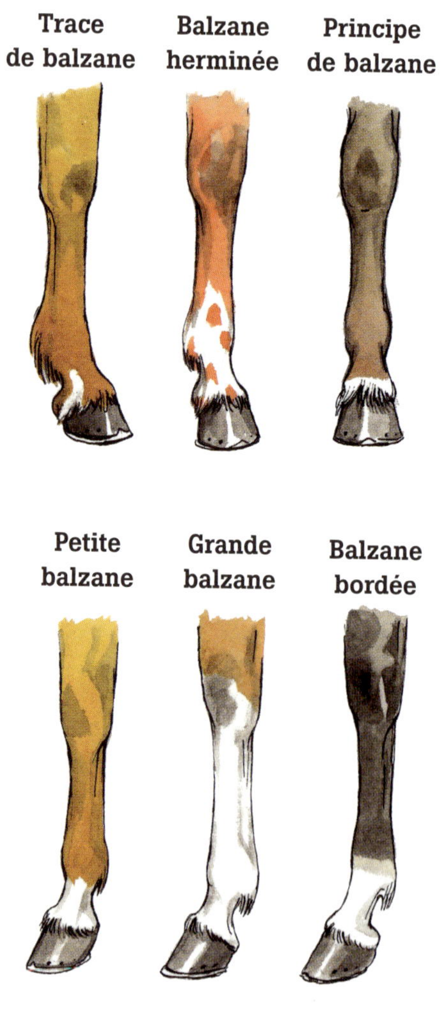

Les marques en têtes

Quelques
poils en tête

Pelote

En tête
herminée

Liste

Étoile en tête
liste interrompue

Pelote en tête
avec liste déviée à droite
et irrégulière

Belle face

Cheval qui boit
dans son blanc

En tête bordée

Effectuer un pansage complet

A l'état sauvage, le poney sait faire sa toilette tout seul. Il a plusieurs techniques pour entretenir son poil :
– il se roule,
– il se frotte contre un arbre ou un poteau,
– il se sert de sa bouche pour se gratter,
– il demande à un « copain » de le gratter dans les endroits qu'il ne peut pas atteindre (l'encolure par exemple).

Quant ils vivent en box, ils ont besoin que tu t'occupes de leur toilette ; on appelle cela faire le **pansage.**
Le pansage sert à nettoyer le poney, mais cela permet aussi de prendre le temps de regarder tout son corps et ses **membres** (p. 28).

Pour ton poney, ce pansage ressemble à un vrai massage. Il te permet aussi de regarder s'il n'a pas de blessure, de bouton ou un endroit sans poils ; si c'est le cas, il faut que tu préviennes ton enseignant. C'est aussi un moment où tu fais connaissance avec lui.

Tu as vu comment on faisait un pansage simple, page 26. Maintenant je vais t'apprendre à faire un **pansage complet.**

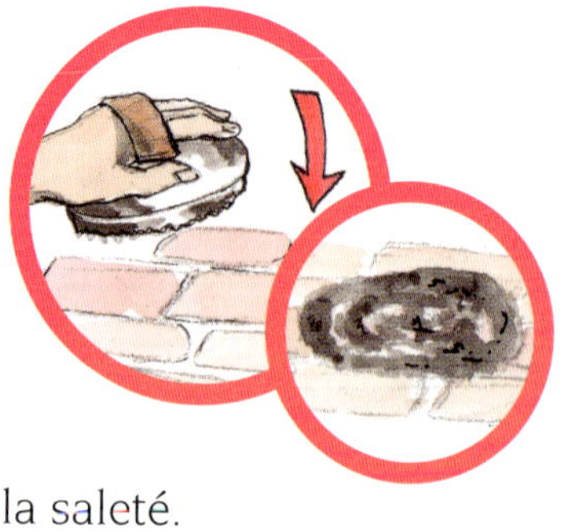

L'étrille peut-être en plastique ou en fer. Pour les poneys recouverts de boue c'est bien pratique !
L'étrille en fer ne se passe pas sur les parties du poney où tu sens les os, ni sur les jambes.
Par contre, tu peux passer une étrille en plastique très souple un peu partout. Elle sert à décoller les saletés (poussières, sueur, boue…) qui se cachent au fond des poils.
L'étrille se passe en faisant des ronds pour bien faire sortir la saleté.

▶ **Le bouchon** possède des poils en nylon ou en chiendent un peu raides. Il se passe après l'étrille et sert à enlever les saletés que l'étrille a décollées. Il s'utilise sur tout le corps du poney, ses jambes et sa crinière. Tu peux aussi le passer sur sa queue à condition de l'avoir d'abord démêlée à la main. De temps en temps, il faut que tu penses à frotter ton bouchon sur l'étrille pour le nettoyer, comme sur le dessin (1).

1

▶ **La brosse douce** possède des poils très doux. Elle se passe partout sur le corps de ton poney, y compris sur la tête. Elle finit d'enlever la poussière, et lisse bien les poils, pour les rendre brillants.

Si ton poney a transpiré, tu peux d'abord le frotter avec de la paille pour aider son poil à sécher

▶ **L'éponge humide** nettoie les naseaux et les yeux. N'oublie pas de bien la rincer une fois que c'est fait !

▶ **L'époussette** est un drôle de nom donné à ce chiffon doux, que tu passes sur tout ton poney pour faire briller le poil.

Brider

Mettre le filet sur la tête du poney s'appelle **le brider.**

1 **Place-toi à gauche de ton poney**

2 **Passe les rênes par-dessus le chanfrein. Passe la main droite autour du chanfrein tout en prenant le filet. Prends le mors dans la main gauche. Rapproche le mors de la bouche du poney**

3 **Chatouille la langue pour lui faire ouvrir la bouche, avec ton pouce gauche. Glisse le mors doucement entre ses dents en remontant ta main droite vers son toupet** **(p. 29)**

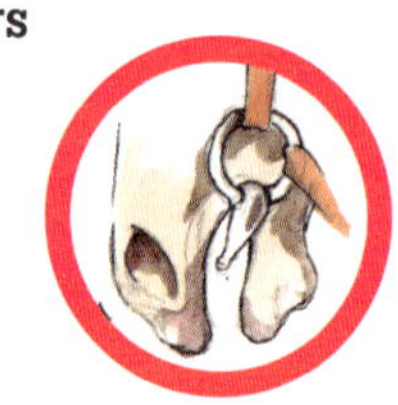

4 **Remonte ta main droite pour passer les oreilles dans la têtière. Sors le toupet (p. 72) pour qu'il soit par dessus le frontal**

5 **Attache la sous-gorge ; tu dois pouvoir passer ta main entre la sous-gorge (p. 72) et la gorge (p. 29) du poney. Attache la muserolle, de sorte qu'elle soit juste serrée**

6

7

8

Il existe trois familles de **muserolles :**

– les muserolles françaises qui passent sous les montants du mors (6),

– les muserolles allemandes qui passent près de la commissure des lèvres (7),

– les muserolles croisées (8).

La muserolle doit être **ajustée,** ce qui veut dire ni trop serrée, ni pas assez serrée. Pour savoir si elle est ajustée, tu dois pouvoir passer ton petit doigt entre la muserolle et le nez du poney.

Seller

Avant de préparer ton poney, tu apportes toutes ses affaires et les tiennes à côté de son box. Tu poses la bardette ainsi que le filet sur le porte-selle **(1)** ou par terre **(2)**.

Selle ou bardette (p. 12) la façon de la poser sur le dos du poney reste la même. On appelle cela **seller.**

3 **Tu poses le tapis s'il y en a un**

La bardette est plus légère que la selle.

Quand tu seras à poney, ton enseignant te **ressangleras.** Tu verras au Galop 3 comment faire cela tout seul.

Derrière la bardette il y a parfois une « petite lanière » : c'est la **croupière (6)**. Elle se passe sous la queue et s'attache à l'arrière de la selle. La croupière empêche la selle d'aller vers l'encolure lorsque le poney est un peu dodu !

4 **Tu poses la bardette**

5 Le tapis doit dépasser à l'avant de la selle. Tu dégarrottes (voir page 83) pour le confort du poney. Puis tu attaches la sangle sur le côté

6

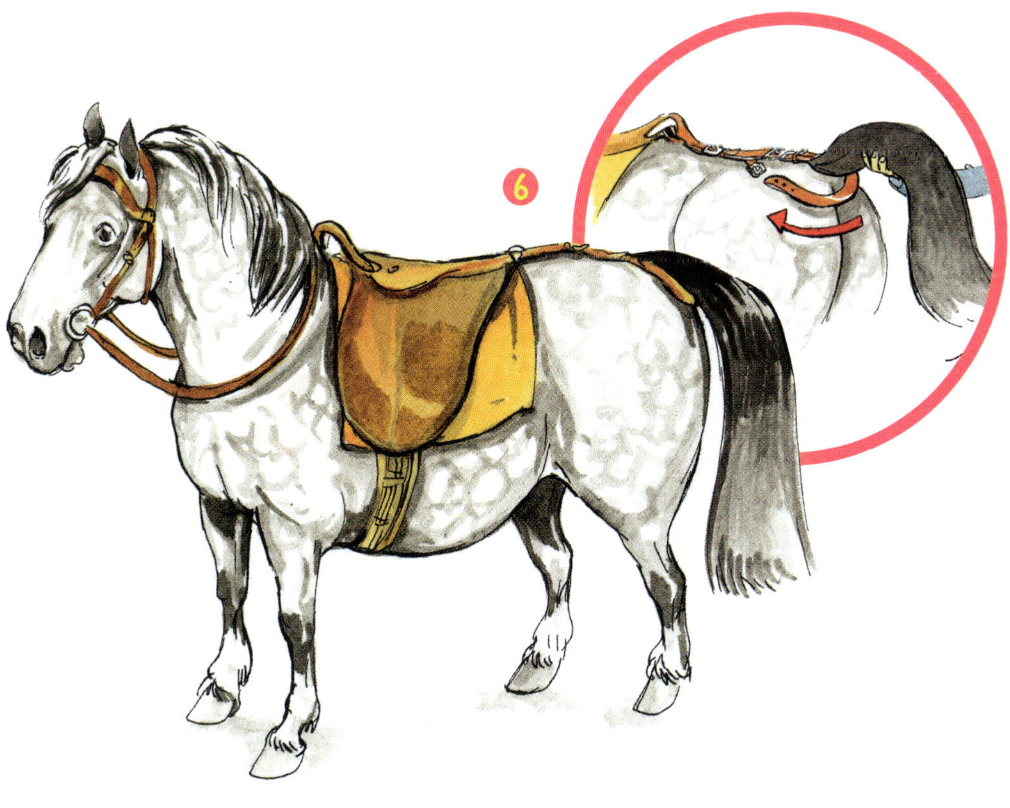

Sur le poney

Comment quitter ton poney quand il est harnaché ?

Le « sac de pomme de terre »

- Ton poney est **harnaché** quand il a sa selle et son filet sur lui.

- Quitter ton poney quand il est harnaché demande quelques précautions. Le principal problème ce sont les rênes. Il ne faut pas qu'elles tombent par terre. Le poney pourrait marcher dessus et se faire mal. Donc, si tu dois quitter ton poney, glisse les rênes sous la bardette en soulevant l'arrière. Ou bien tu entortilles les rênes que tu passes ensuite dans la sous-gorge (comme sur le dessin ci-contre).

« L'amazone à droite »

Au pas, bien assis en conduisant ton poney

- Maintenant, tu sais être bien assis sur ton poney. Tu connais la bonne longueur de rênes pour qu'elles soient ajustées.
Parfois lorsque ton poney tourne, tu penches d'un côté ou de l'autre, tu es déséquilibré, tu n'es pas stable. Être bien assis sur ses deux fesses, c'est être stable.

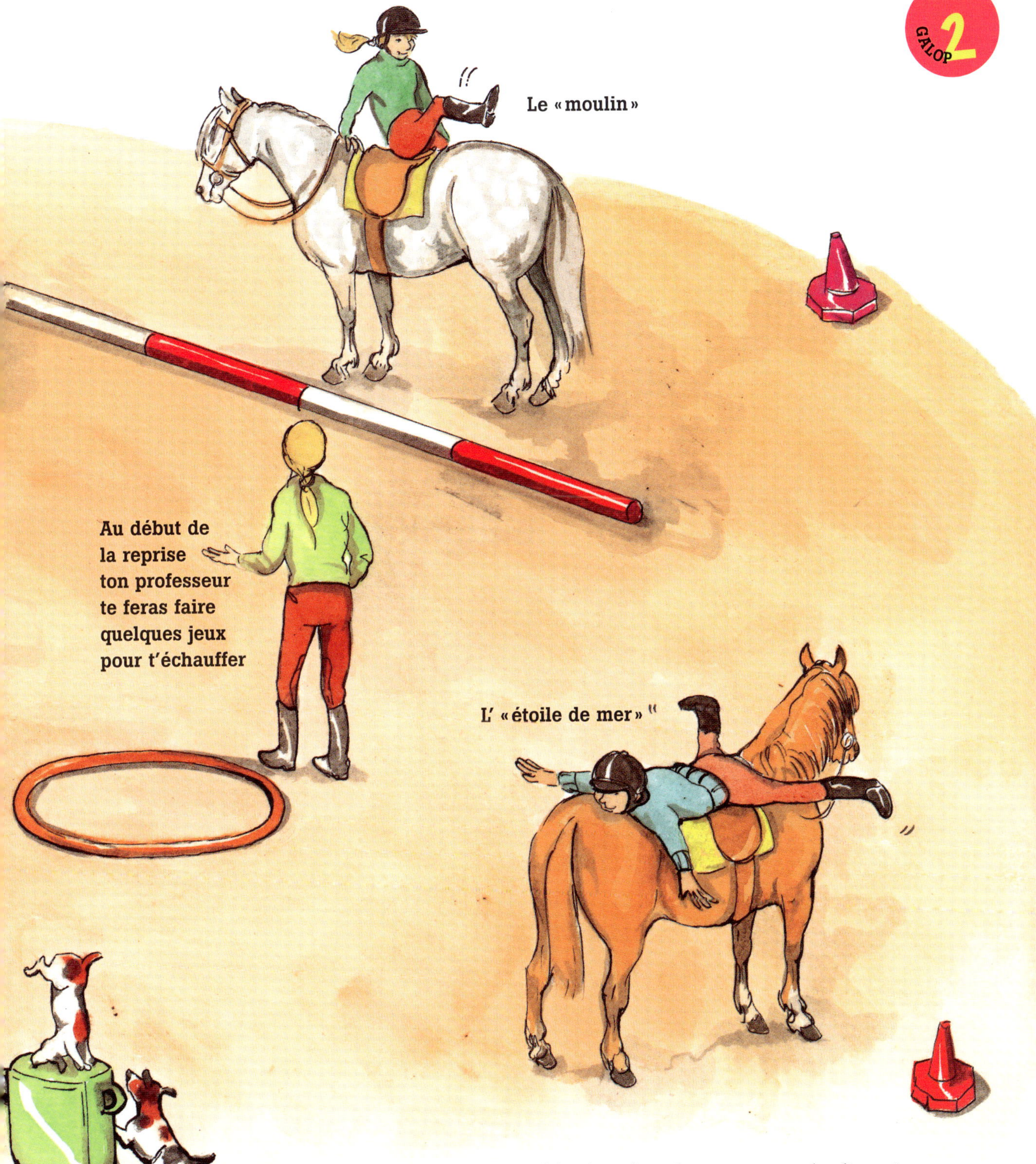

▶ Tu vas apprendre à rester **stable** dans les **changements** de **direction** et **d'allure.** Pour cela, ne serre pas tes jambes : elles doivent juste être collées contre le corps du poney. Le haut de ton corps est droit, et légèrement penché vers l'arrière du poney.
Et si tu te sens déséquilibré réagis tout de suite, remets-toi bien sur ta selle.

▶ C'est parce que tes rênes sont bien ajustées et que tu regardes où tu vas, que tu peux être précis dans la conduite de ton poney.

Au pas, conduire sur des virages serrés

Lorsque tu utilises une rêne pour tourner, il arrive que ton poney ralentisse. C'est pour cela qu'il faut serrer les jambes à chaque fois que tu utilises une rêne.

Tu sais faire de grands virages (page 34), maintenant tu vas apprendre à faire des virages serrés. Cela veut dire des petits virages où tourner va être plus difficile. Les tournants serrés ralentissent beaucoup le poney.

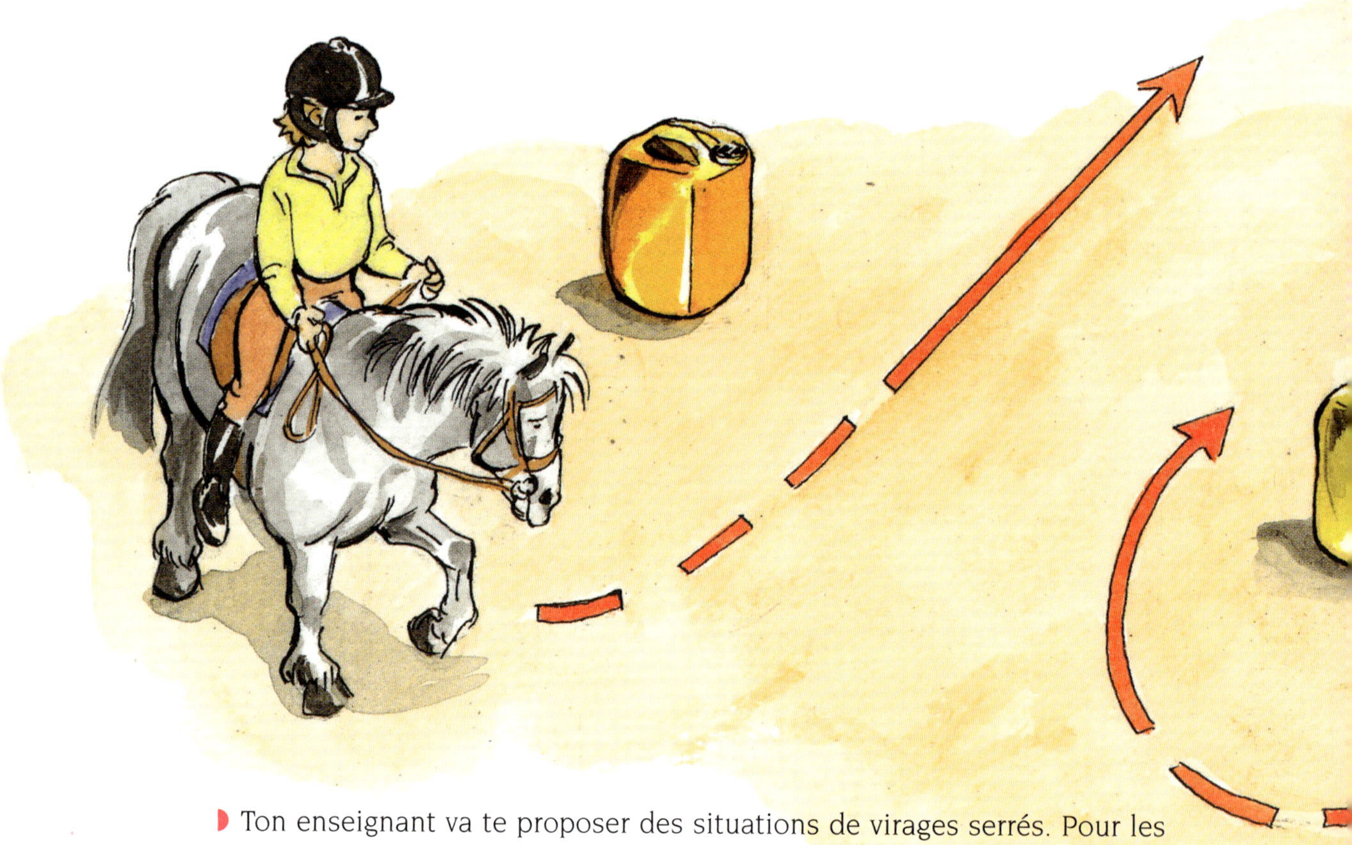

Ton enseignant va te proposer des situations de virages serrés. Pour les réussir, il va falloir être précis, en ayant des rênes ajustées. Régulièrement tu vas serrer tes jambes tout en regardant le chemin où tu dois aller. N'oublie pas de caresser ton poney quand tu as fini.

Prendre le pas quand tu le décides

Tu sais comment passer de l'arrêt vers le pas, et du pas vers l'arrêt quand tu es en reprise. Maintenant il faut le faire quand tu le décides, pendant un jeu, quand tu n'es pas derrière un autre poney.

Par exemple :
– Tu dois changer de place au signal sonore.
– Tu es seul, arrêté à la hauteur d'une lettre.
– Le signal sonore retentit : tu serres tes jambes pour prendre le pas et pour changer de place.
– Arrivé là où tu as décidé, tu t'arrêtes.

Ton moniteur te proposeras d'autres jeux et d'autres façons de t'entraîner.

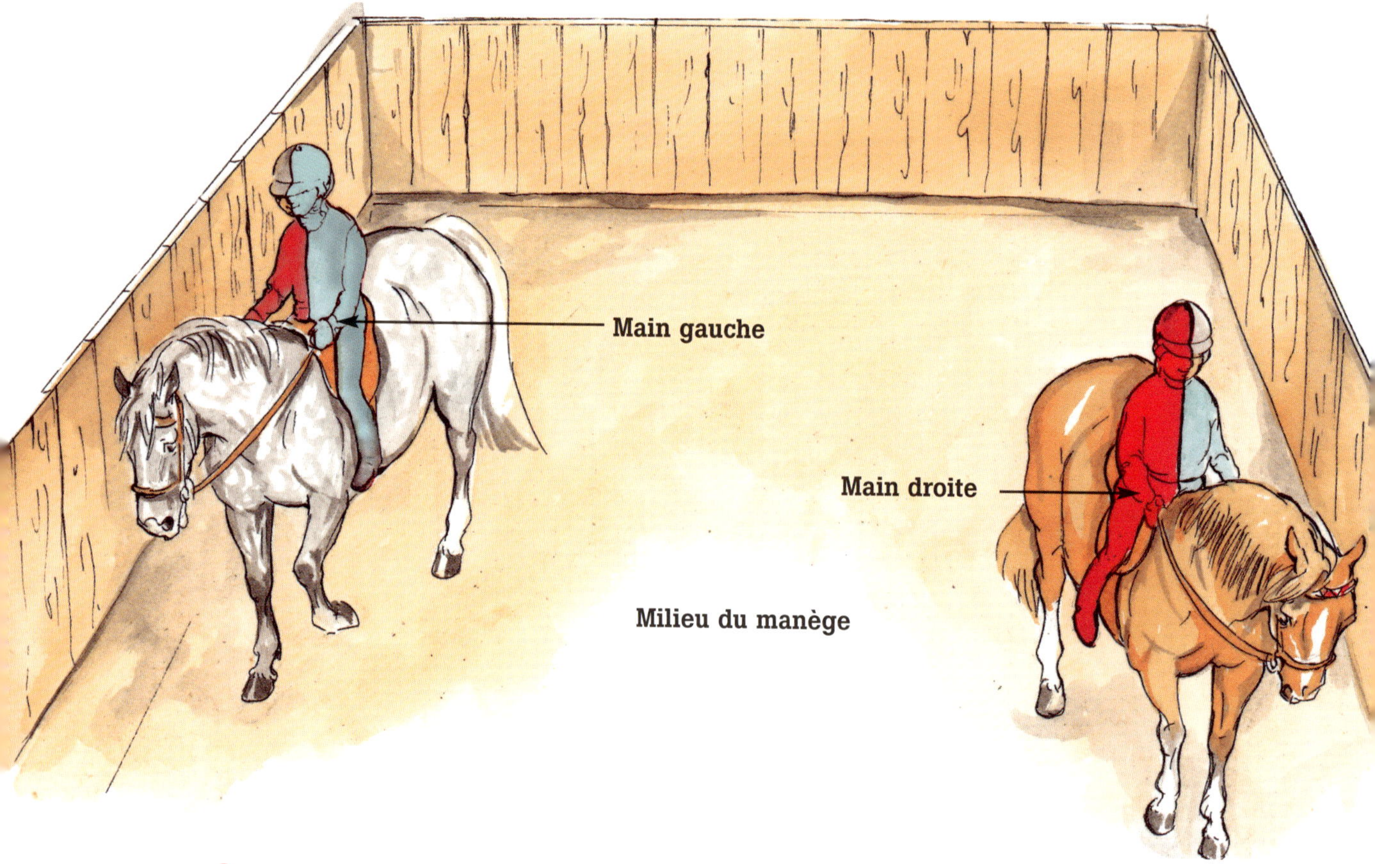

Piste à main droite, piste à main gauche

Quand tu es sur la piste :
– si ta main droite est vers le milieu du manège ou de la carrière, on dit que tu es **piste à main droite,**
– si ta main gauche est vers le milieu du manège ou de la carrière, on dit que tu es **piste à main gauche.**

Demande à ton enseignant qui a la priorité, lorsque deux cavaliers se croisent. Car cela change parfois d'un club à l'autre.

Si ton enseignant te demande de « changer de main » cela veut dire **change de sens.**

Doubler, volte et diagonale

- Ce sont les noms de trois **figures de manège** que tu peux faire avec un poney.

- Ton enseignant te les fera faire dans les jeux. Il te mettra des balises pour t'aider à les dessiner avec ton poney. Une fois que tu auras bien compris, tu les dessineras sans balises.
Pour bien dessiner ces figures de manège, il faut être précis. Tu peux t'entraîner à dessiner ces figures à pied, en marchant.

- Le **doubler** est une ligne droite qui va te faire traverser le manège. En arrivant à la piste tu peux changer de sens ou non.

- La **volte** te fait dessiner un grand rond. Elle ne fait pas changer de sens.

- La **diagonale** se prend après le deuxième coin du petit côté et arrive avant le premier coin de l'autre petit côté. Elle permet de changer de main (c'est-à-dire de changer de sens).

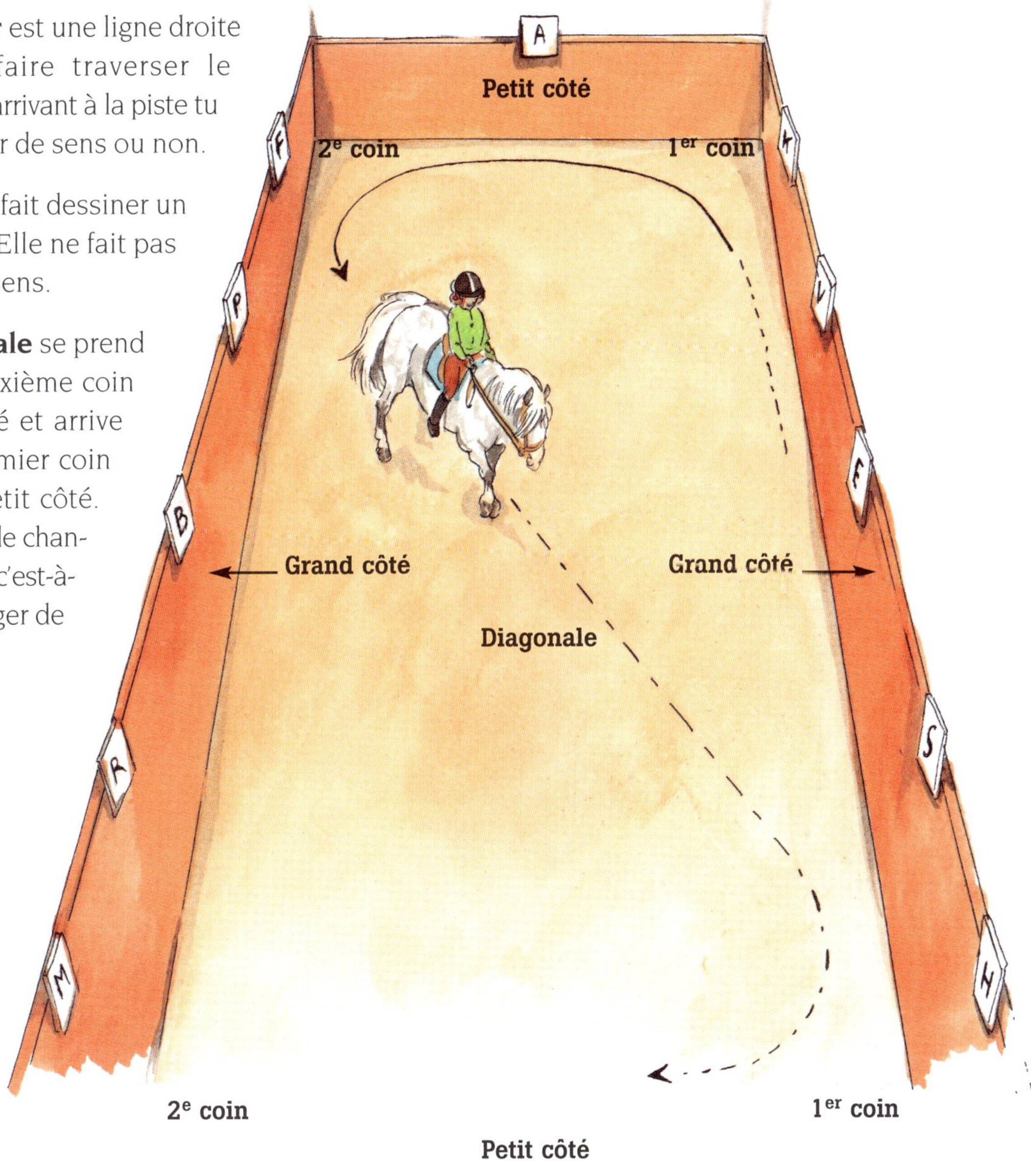

Au trot, bien assis

Tu sais être **stable** au **pas,** maintenant il faut que tu arrives à être bien **stable** au **trot.**

Pour cela, il faut que tu trottes les épaules en arrière. Si tu n'es pas encore stable tu peux tenir la poignée avec une main. Ne te raidis pas, reste « cool » !

Tes jambes sont collées contre le poney mais elles ne sont pas serrées.

Tu dois t'entraîner à rester sur ton poney dans toutes les situations de jeu.

Exemples :

– Aller ramasser un objet à la hauteur de ton pied : penche-toi rapidement et remets-toi bien assis au milieu de ta selle.
– Attraper un ballon.
– Toucher un cavalier, pour qu'il devienne « loup » à son tour. Tu te penches pour toucher l'autre puis vite à nouveau bien assis.

Tu trottes, tu t'arrêtes, tu ramasses un objet et tu repars

Conduire sur des grands virages au trot

Pour faire ces figures au trot il est important d'avoir des **jambes actives.** Cela veut dire des jambes qui serrent les flancs du poney pour qu'il reste au trot pendant que tu conduis.

Tu vas t'apercevoir que, lorsque tu vas plus vite sur les grands virages, tu es moins **précis.** C'est grâce à des **rênes ajustées** et surtout à ton haut du corps et à ton **regard** tournés dans la direction où tu veux aller, que tu réussiras des grands virages au trot, de façon précise.

Ton enseignant va te proposer des jeux qui vont t'apprendre à faire de grands virages au trot.
– Tu sais qu'il faut talonner lorsque tu utilises ta rêne pour conduire.
– Tu as compris qu'en regardant où tu veux aller le poney se conduit mieux.
– Ne laisse pas ton poney ralentir quand il veut, c'est toi qui commande.
– Ne laisse pas ton poney aller où il veut, c'est toi le conducteur.

N'hésite pas, lorsque ton poney t'a bien obéi à le **caresser.** Montre-lui que tu es content. Si par contre cela ne se passe pas bien, avant de te fâcher, réfléchis si ce n'est pas d'abord de ta faute ! Tes rênes étaient peut-être trop longues ou tu n'as pas assez talonné !

Prendre le trot quand tu le décides

Tu sais partir au **trot** à partir du **pas,** et revenir du **trot** au **pas,** quand tu es en reprise. Maintenant, tu dois apprendre à le faire quand tu le décides et lorsque tu n'es pas derrière un autre poney.

Attention de ne pas tirer sur les rênes si tu veux aller plus vite. Tu peux te tenir à la poignée, mais essaye de la lâcher de plus en plus souvent.

Lorsque tu demandes au poney de trotter, tu agis avec tes jambes. Si le poney ne réagit pas, tu recommences un peu plus fort. S'il ne répond toujours pas, c'est avec un petit coup de cravache que tu vas le rappeler à l'ordre.

La cravache

Ton enseignant te dira avec quel poney il vaut mieux en avoir une. La cravache se prend dans la main, en même temps que la rêne. Elle sert à faire obéir ton poney s'il ne répond pas à tes actions de jambes. C'est un rappel à l'ordre !

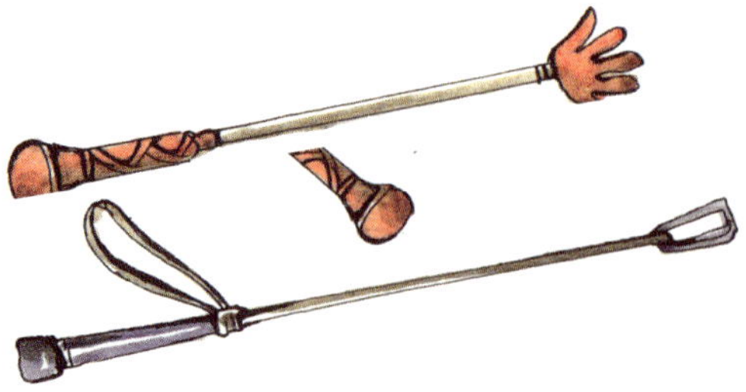

◗ Comment t'en servir ?
– Prends tes deux rênes dans une main
et la cravache dans l'autre.
– Donne un petit coup de cravache derrière ta jambe.
– Puis reprend une rêne dans chaque main.
– Recommence à chaque fois que c'est nécessaire.

Au galop, bien assis

C'est en adoptant la même position qu'au trot que tu trouveras ton équilibre assis au galop.
Comme au trot, tu peux te tenir à la poignée ; mais comme au trot, il faut que tu t'entraînes aussi à la lâcher.

Tout comme au trot, pour être bien assis au galop, il faut que tu te **penches en arrière ;** et si tu sens que tu penches d'un côté ou de l'autre, réagis et remets-toi bien au milieu de ta selle.

Le galop est plus confortable que le trot.

Partir au galop

Maintenant, tu apprends à **galoper** en même temps que les autres, c'est-à-dire en reprise dans le manège.
– Tu es au trot sur la piste.
– Rallonge la rêne intérieure et tiens la poignée.
– La rêne extérieure est écartée vers le mur, pour garder le poney sur la piste.
– Laisse tes épaules aller vers l'arrière.
– Quand tu le décides, serre tes jambes.

Lorsque tu veux **repasser au trot,** tu lèves la main qui est du côté du mur.
Tu peux utiliser ta voix : « oh ! oh ! ».
Dès que le poney t'a obéi ne fais plus rien avec ta main.

Rester au galop

Si tu sens que ton poney ralentit, alors que tu veux continuer le galop, serre tes jambes à nouveau.

Pour rester au galop, il faut que tu agisses avec tes jambes **régulièrement** pour encourager ton poney à continuer à cette allure. Régulièrement veut dire, par exemple, que tu les serres à chaque fois que tu passes dans un coin du manège ou de la carrière.
Mais cela dépend aussi des poneys. Il y a des poneys paresseux à qui il faut demander tout le temps de rester au galop.
Il y a des poneys courageux qui galopent « tout seuls » : pas besoin de les encourager, ils attendent l'action de la rêne pour ralentir.

Sauter un obstacle avec son poney

Pour sauter, ton enseignant installe de grandes barres en bois de différentes couleurs.
Les grands poteaux qui tiennent les barres s'appellent des **chandeliers.** Il peut y avoir aussi des bidons qui portent les barres, ou différents matériels.
Quand on installe une barre avec des chandeliers cela s'appelle un **obstacle.**

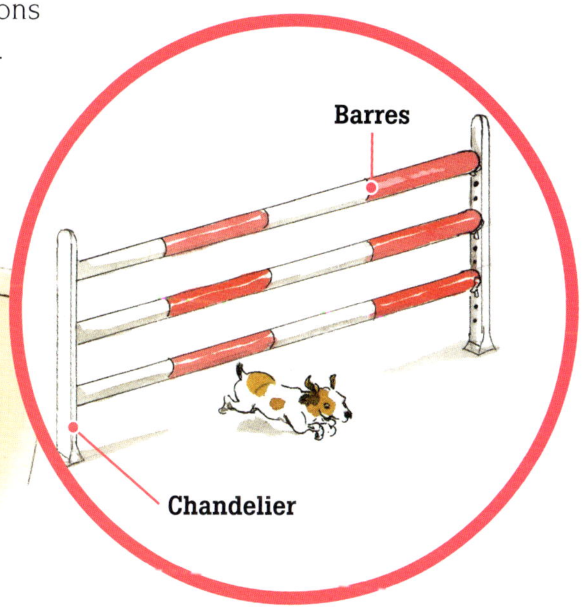

Maintenant il faut aller sauter. Écoute bien les consignes de ton moniteur. Au début l'obstacle est généralement situé sur la piste pour que tu n'aies pas besoin de conduire.

Les **premiers sauts** peuvent se faire au trot ou au galop.
– Tu arrives dans ta position assis en arrière.
– « Colle » tes jambes contre le poney.
– À chaque fois que tu franchis (cela veut dire passer par dessus) un obstacle, ne te raidis pas.

Par la suite, ton moniteur peut te proposer de sauter avec les épaules penchées en avant ; tes mains s'avancent (tu peux les poser sur la crinière) pour permettre au poney de se servir de son encolure sans se cogner à tes mains. N'oublie pas de fermer tes jambes.
– Au galop 3, tu sauteras avec des étriers d'une façon différente (p. 97).

En montée, Jacques prend une poignée de crins et se penche en avant

Sylvie est capable d'avoir de grandes distances

Rester à la même allure quand on se promène dehors

Dehors, le poney peut avoir des réactions différentes de celles qu'il a dans le manège, car il est toujours heureux de se promener. C'est pour cela que tu dois être attentif, avec des rênes ajustées.
Dans le manège tu sais rester à la même allure, maintenant il faut y arriver en promenade.
Il est important que ton poney t'écoute, et que toi tu agisses **au bon moment.**
Le bon moment est lorsque tu t'aperçois que ton poney ne fait plus exactement ce que tu lui as demandé.
Réagis tout de suite :
– soit en serrant tes jambes, s'il a ralenti,
– soit en le ralentissant avec tes rênes s'il accélère tout seul,
– soit en le remettant bien derrière celui qui est devant, et qu'il essaye de doubler.

En descente, Ingrid tient une poignée de crins

▸ Ton enseignant va prévenir le groupe chaque fois qu'il verra une embûche : un trou, une branche basse… En se tournant vers vous il dit ce qu'il a vu, et donne ses consignes pour éviter les embûches. Si tu es situé au milieu du groupe, répète les consignes données à ceux qui sont derrière toi.

▸ Ne change pas de place, sans autorisation. Reste bien derrière le poney qui est devant toi, en gardant tes **distances.** Garder ses distances veut dire garder la place « d'un poney invisible » entre ton poney et celui de devant. Il est important que ton poney puisse voir où il met ses pieds.

▸ Lorsque ton poney **monte** une petite **pente,** penche-toi en avant pour l'aider tout en attrapant un peu de crinière. S'il **descend,** penche-toi un peu plus en arrière pour l'aider à ralentir.

N'oublie pas !

Les aides naturelles et artificielles

Les aides te permettent de communiquer avec ton poney. Elles sont **naturelles** lorsqu'elles font partie du corps du cavalier.

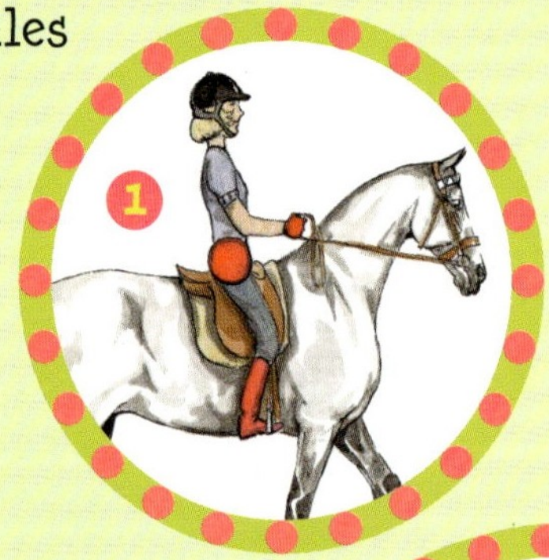

Les aides naturelles sont :

- les mains,
- les jambes,
- le poids de ton corps (1),
- la voix.

Les aides artificielles ne font pas partie du corps du cavalier.

Les aides artificielles sont :

- la cravache,
- les éperons,
- la chambrière (2) :

c'est un grand fouet.

L'impulsion

Tu as remarqué que, dans ton club, il y a des poneys qui avancent facilement et d'autre moins facilement. Ceux qui avancent volontiers sont ceux qui ont de **l'impulsion.**

- L'impulsion c'est la volonté naturelle du poney d'avancer.
- Et puis il y a les autres. On dirait qu'ils sont paresseux. On dit qu'ils n'ont pas d'impulsion. C'est pour cela que l'on utilise parfois la cravache.

Les aides pour avancer

Les aides pour avancer sont les **jambes** et la **voix.**

Pour passer de l'arrêt au pas ou du pas au trot, sers-toi de tes **jambes :**

- par de petites pressions tout d'abord (3),
- par des petits coups de talons s'il n'a pas compris ta demande (4),
- par un coup de talon avec un petit coup de cravache, s'il ne veut pas obéir.
- Lorsque tu utilises tes jambes, tu dois baisser les **mains.**
- Dès que le poney a obéi, arrête de talonner.
- Si tu sens que ton poney ralentit, alors que tu n'as rien demandé, serres tes jambes à nouveau pour lui dire de continuer.
- Cela s'appelle **entretenir l'allure.**

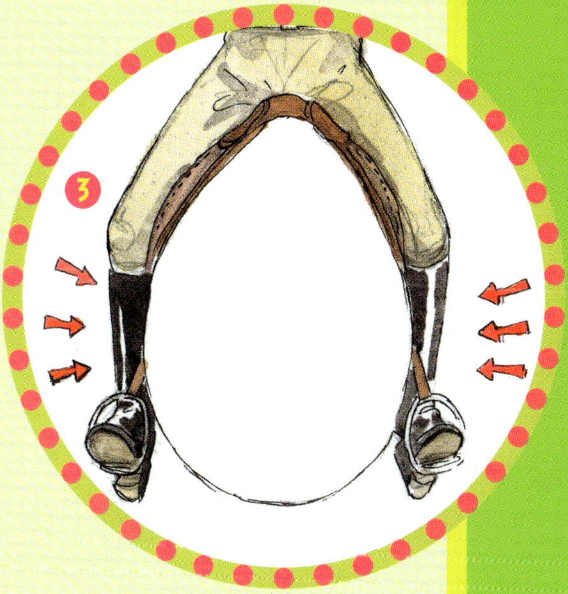

La **voix** permet de récompenser, de gronder et d'encourager le poney.

- Demande à ton enseignant de te montrer comment faire un appel de langue. Ce petit bruit est bien pratique parfois !

En descendant de poney

Les parties du licol

Les parties du filet

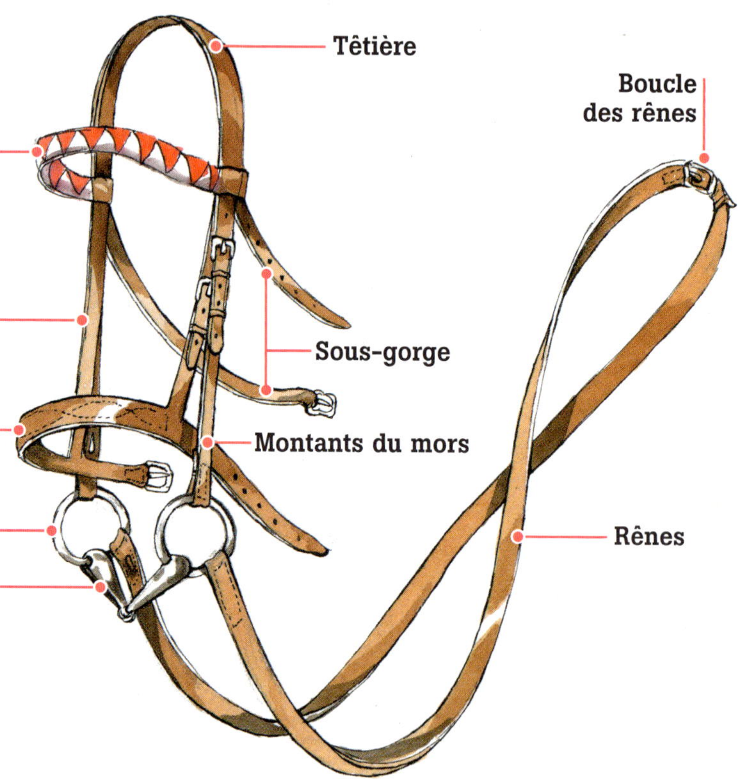

Les parties de la selle

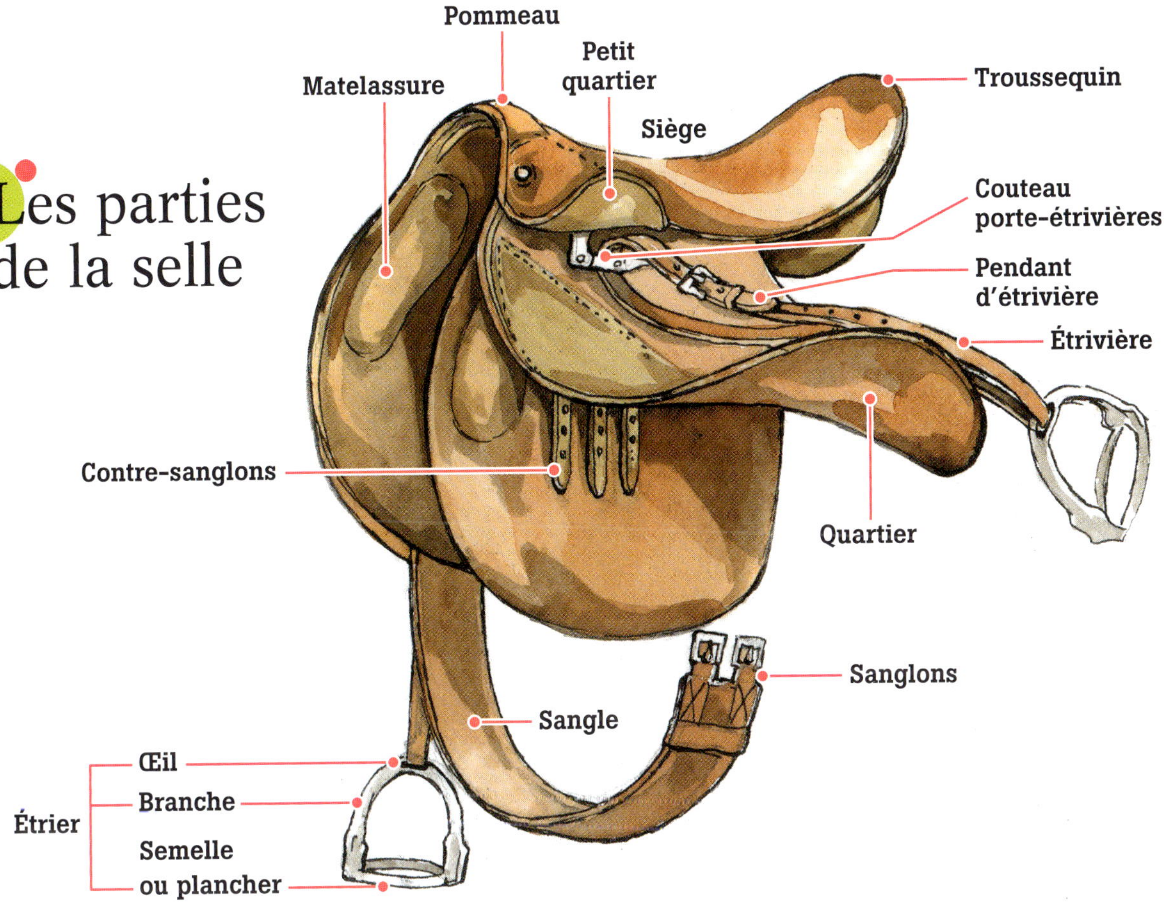

Les parties de la bardette

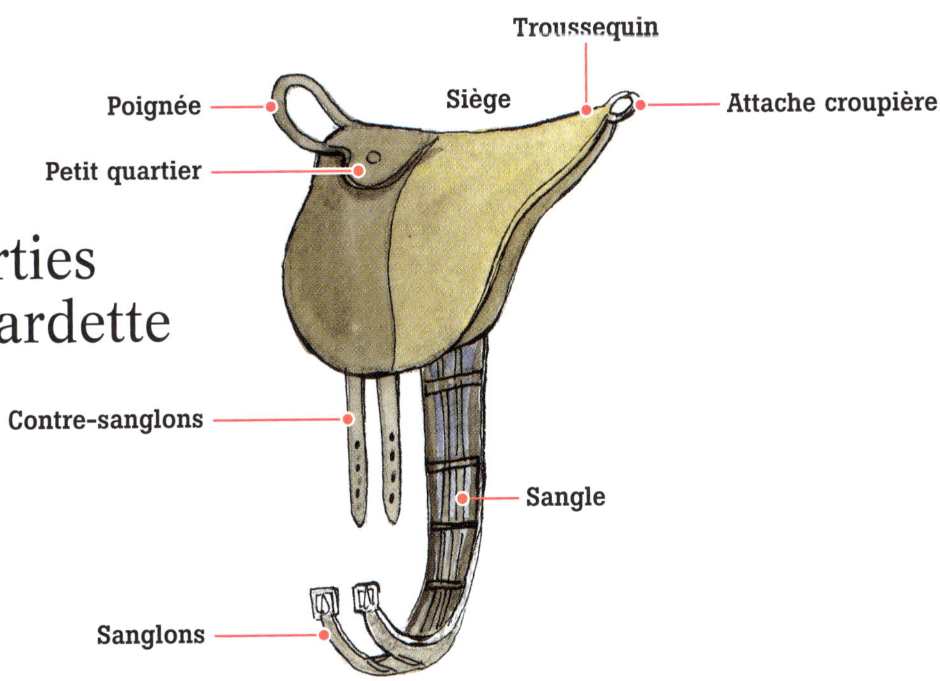

Entretenir les harnachements

Le harnachement c'est l'ensemble des « habits » du poney :
- le licol et sa longe,
- le filet et son mors,
- le tapis,
- la selle ou la bardette.

Il est très important que ce matériel soit toujours propre. S'il est sale, il risque de blesser ton poney, ou bien de casser.

Le mors est la partie en métal qui va dans la bouche du poney. Il se nettoie à l'eau, après chaque utilisation. Attention de ne pas mouiller les cuirs !

Pour nettoyer ton **filet,** il faut tout d'abord le démonter. Installe-toi sur une table. Défais toutes les boucles que tu trouves. Tout doit être en morceaux devant toi. Le cuir se nettoie avec un savon spécial que l'on appelle du **savon glycériné.** Il te faut aussi une éponge et un seau d'eau.

- Tu mouilles l'éponge.
- Tu l'essores très fort pour qu'il n'y ait plus de gouttes d'eau qui en sortent.
- Tu frottes ton éponge humide sur le savon glycériné.
- Tu la passes sur l'endroit et sur l'envers du cuir.
- De temps à autre tu rinces ton éponge, tu l'essores à nouveau et tu continues.
- Toutes les pièces du filet doivent être passées au savon glycériné.
- Si les cuirs que tu nettoies, ont comme des « coupures », montre-les à ton enseignant.

Une fois tout nettoyé, il faut remonter le filet.

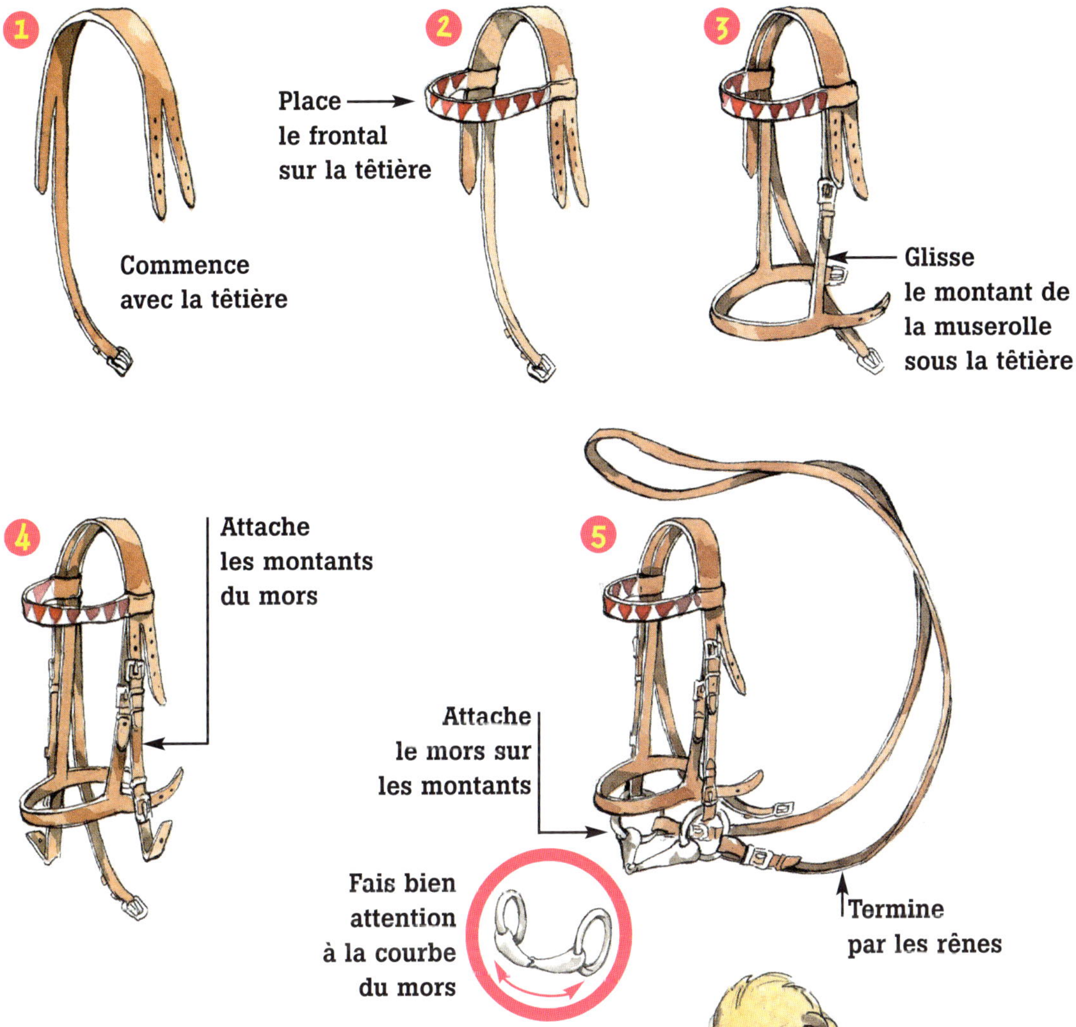

Le **tapis** qui se met sous la selle doit être brossé régulièrement, ainsi que la sangle. Si la sangle est en cuir tu la passes au savon glycériné.

Si la **bardette** est en cuir, nettoie-la avec du savon glycériné. La bardette peut être en feutre. Le feutre est une matière épaisse ressemblant à un gros tissu. Dans ce cas, pour la nettoyer, tu dois la brosser. Certaines selles sont faites d'une matière qui se nettoie à l'eau.

Mettre et enlever une couverture

En hiver les poneys trop poilus transpirent rapidement lorsqu'ils trottent ou galopent. C'est comme si tu faisais de la gymnastique avec ton anorak ! Avec son poil mouillé par la transpiration, le poney peut attraper froid. Si par contre on lui met une couverture dès les premiers froids, le poil du poney pousse moins, car il a bien chaud sous cette couverture.

Pour mettre la couverture :

1 Pose-la sur le dos du poney

2 Attache les sanglons du poitrail. Ils ne doivent pas être trop serrés

3 Sous le ventre, croise les sangles, avant de les boucler, et n'oublie pas les sangles de cuisses, si ta couverture en possède

Pour enlever la couverture :

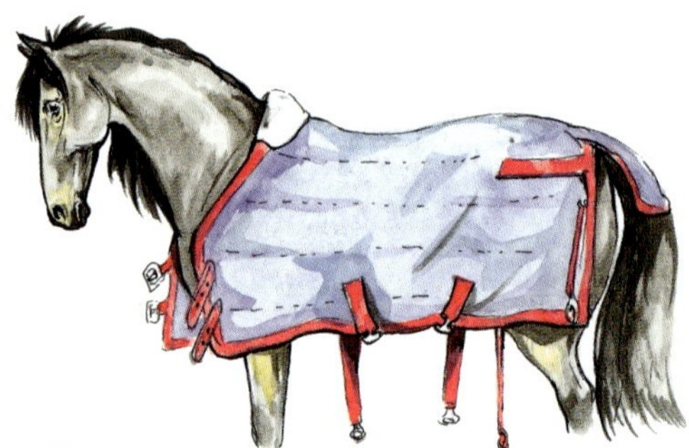

4 Défais tous les sanglons (sous le ventre, entre les cuisses, au poitrail, sous la queue)

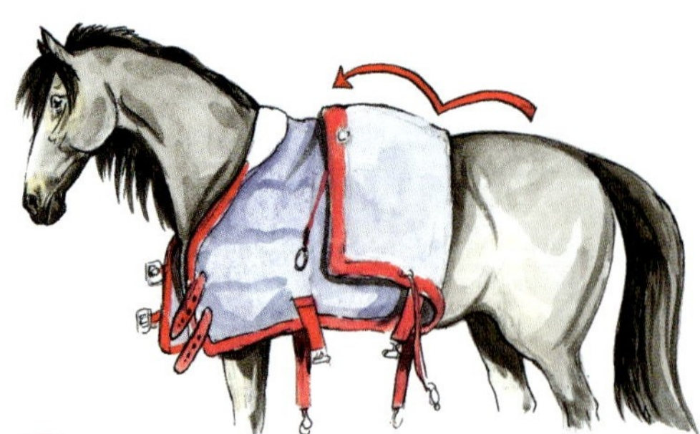

5 Plie-la comme te l'a appris ton enseignant, puis pose-la sur la porte

Le coin des parents

Monter été comme hiver

- L'équitation se pratique toute l'année, grâce aux installations modernes : manège, carrière bien drainée, etc.

En été

- N'hésitez pas à badigeonner vos enfants de crème solaire si la leçon a lieu en extérieur.
Les poneys attirent les taons et les moustiques, protégez également votre jeune cavalier contre ces insectes.

- Ne cédez pas ! Quelle que soit la température, le casque reste obligatoire, et attaché !
Monter en short ou dans une tenue non adaptée peut-être dangereux.
Le port de chaussures de sport, sans talons, présente un vrai risque pour votre enfant (voir p. 6).

- Les bottes en plastique peuvent être remplacées par des chaps, beaucoup moins chaudes.

- Dans les régions touristiques, les propositions de promenades à poney ou cheval, sont nombreuses. Tout établissement déclaré est soumis à un affichage obligatoire des diplômes du personnel qui encadre les jeunes. Soyez vigilants, regardez où vous emmenez vos enfants.

- Vous pouvez facilement constater si la cavalerie à l'air en bonne santé ou bien si c'est accessoire ! Ne cautionnez pas un établissement douteux.

- L'accès aux plages est réglementé. Le cavalier est assimilé à un véhicule, il doit respecter le code de la route. La licence prise dans votre club est une assurance valable partout en France, mais pas au-delà.

En hiver

- Le manège accueille les cavaliers par mauvais temps.
Ce sont les pieds et les mains qui souffrent le plus du froid. N'hésitez pas à investir dans une paire de chaussettes en soie, à mettre sous les chaussettes habituelles (idem pour les gants).

- Prévoyez une tenue en plusieurs épaisseurs, que votre enfant peut ôter au fur et à mesure. Il vaut mieux porter deux pulls légers et deux blousons plutôt qu'un seul gros pull et un seul gros blouson.

- L'automne est aussi la période de la chasse : évitez les promenades en forêt ou prenez tous les renseignements nécessaires sur les jours de chasse dans votre secteur.

Galop 3

À côté du poney

Description de la tête

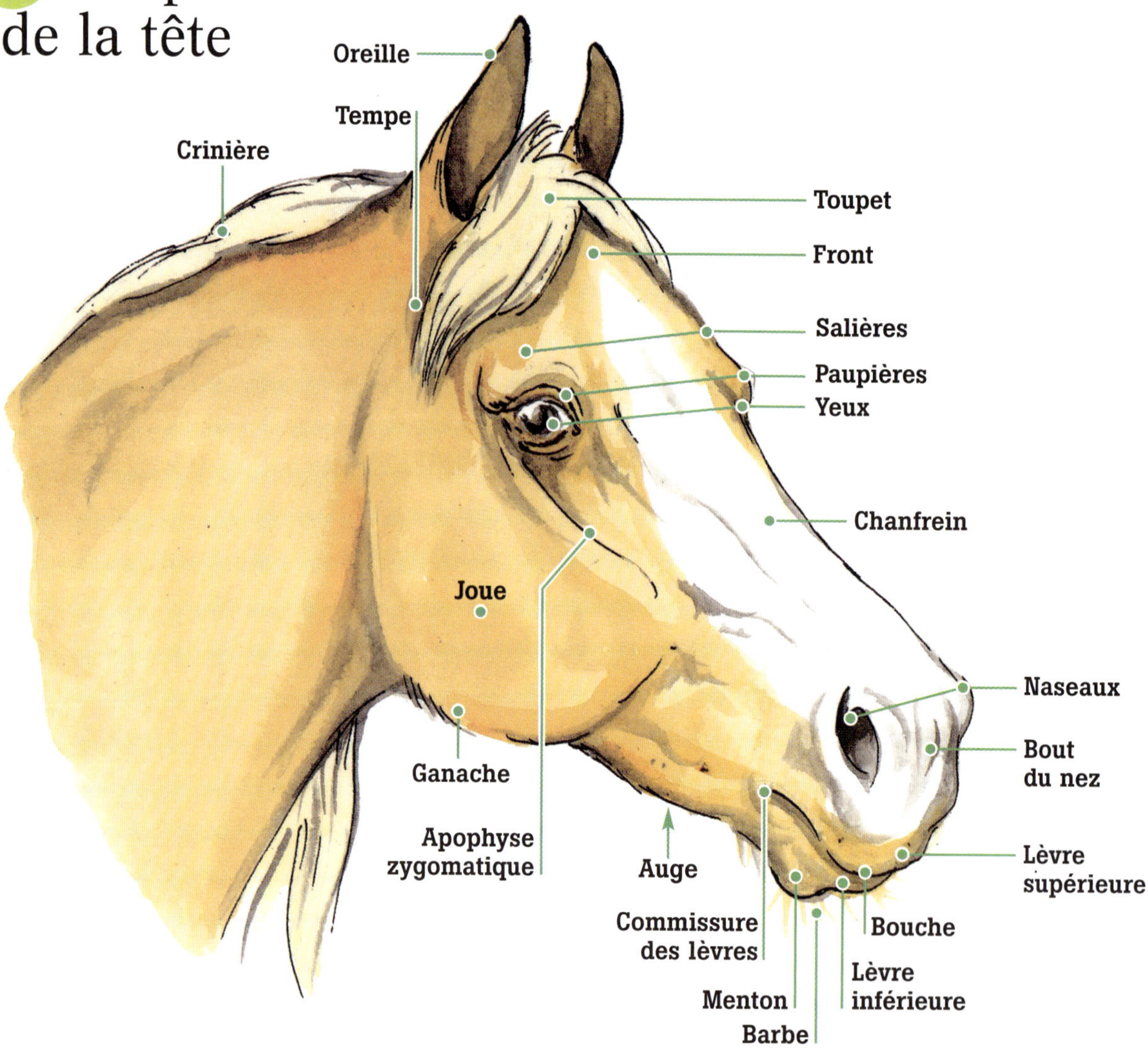

Description des membres

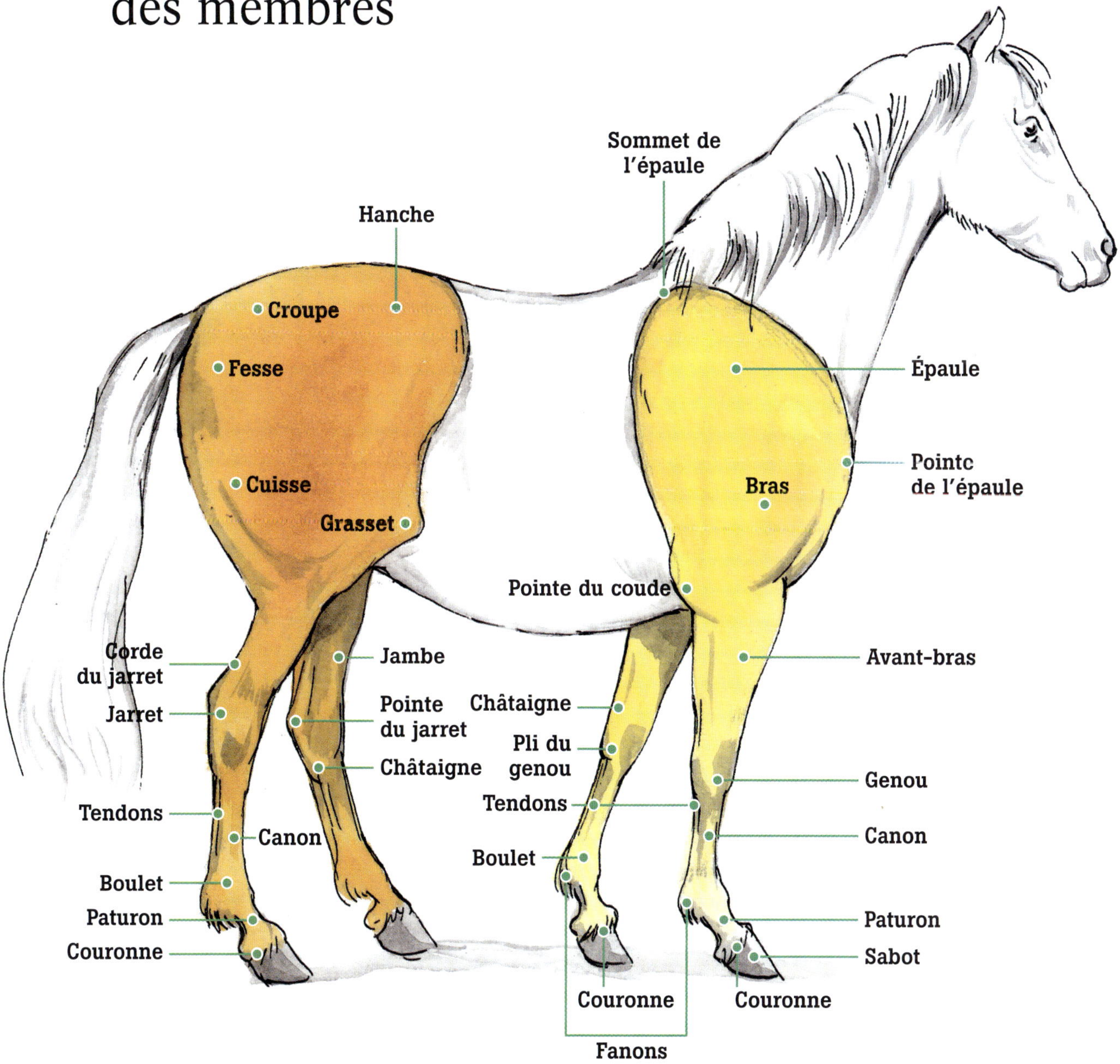

Ce que tu dois faire avant de monter

Avant de monter à poney, tu dois faire ce que l'on appelle les **soins élémentaires.** Les soins élémentaires sont les actions simples qui te sont confiées, à toi, pour la santé de ton poney.

Voici une liste de ce que tu as à faire avant la reprise et pendant que tu le panses puis que tu le selles :
– Faire son pansage (vois page 48).
– Curer ses pieds (page 28).
– Signaler chaque fois que quelque chose te parait suspect.
– Le matériel doit être propre.
– La peau du poney ne doit pas avoir de blessures.
– Avant de poser la selle, observe le dos du poney et vérifie qu'il n'ait aucune blessure.
– Au passage de sangle, la peau n'est doit pas être fripée, il ne doit pas y avoir de « boule ».
– En passant la brosse douce sur le front et derrière les oreilles, tu t'assures qu'il n'y à rien d'anormal et que tu peux mettre le filet.
– Ton enseignant te dira si ton poney doit avoir des protections sur les membres (page 118).
– Après avoir posé sur le dos du poney la selle et son tapis, il faut **dégarrotter** avant de sangler, pour le confort du poney (p. 83).

Ajuster le harnachement

▸ Comme nous l'avons dit page 72, le harnachement est l'ensemble des habits du poney.

▸ Chaque poney doit avoir son filet à sa taille. Ajuster le harnachement veut dire le **mettre à la bonne taille** de ton poney. Les montants du filet se règlent de manière à ce que le mors soit au contact de la commissure des lèvres. On dit que la commissure des lèvres doit faire deux plis (1). Le poney ne doit pas tout le temps « sourire » (2). Le mors ne doit pas être près des dents de devant (3).

▸ Le mors doit être à la taille de la bouche de ton poney. Il existe de nombreux modèles de mors de différentes tailles.

▸ Le frontal ne se règle pas, mais il ne doit tirer ni sur la têtière ni sur les montants du mors.
Il ne doit pas serrer le front, sinon il faut le changer.

▸ La sous-gorge ne doit pas être serrée, afin de ne pas gêner la respiration. Tu dois pouvoir mettre ta main entre elle et la gorge de ton poney, comme sur le dessin (4).

▸ La muserolle doit être ajustée, sans être serrée. Regarde les dessins de la page 51 pour bien comprendre comment elles se bouclent.

1

2

3

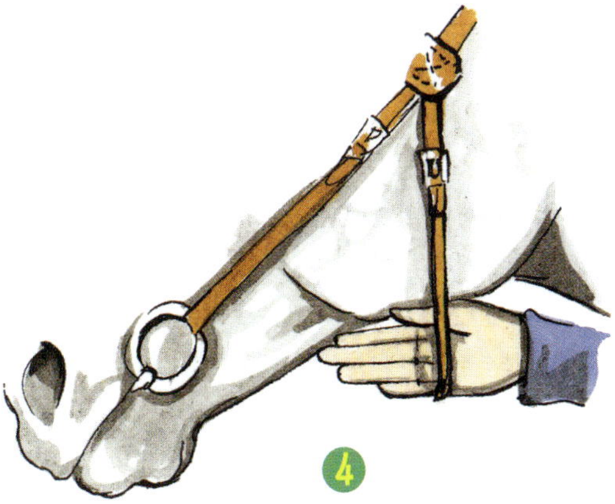

4

Sur le poney

Entrer dans le manège

Lorsque tu conduis ton poney, à pied, tu dois marcher à sa gauche (p. 31). Ne va pas plus vite que lui. S'il ne veut pas avancer, aide-toi de ta voix et d'un appel de langue. Mais ne tire pas sur les rênes, il pourrait tirer en sens inverse, par réaction.

Jusqu'à présent lorsque tu arrivais dans le manège tu t'installais quelque part avec ton poney et tu montais dessus. Maintenant nous allons voir une autre façon de faire. Quand tu entres dans le manège, tu vas venir t'arrêter sur la ligne du milieu (c'est une ligne imaginaire qui coupe le manège ou la carrière en deux).

Avant de monter, vérifie ton harnachement. Est-ce que la selle est bien dégarrottée ? Dégarrotter veut dire que tu dois pouvoir passer ton poing entre le tapis et le garrot (comme sur le dessin).
– Si oui, tu ressangles.
– Si non, tu réinstalles mieux le tapis afin qu'il épouse la forme du pommeau de la selle. Toutes ces actions doivent se faire sans lâcher les rênes.

Ensuite, tu règles tes étriers.

Régler ses étriers à pied

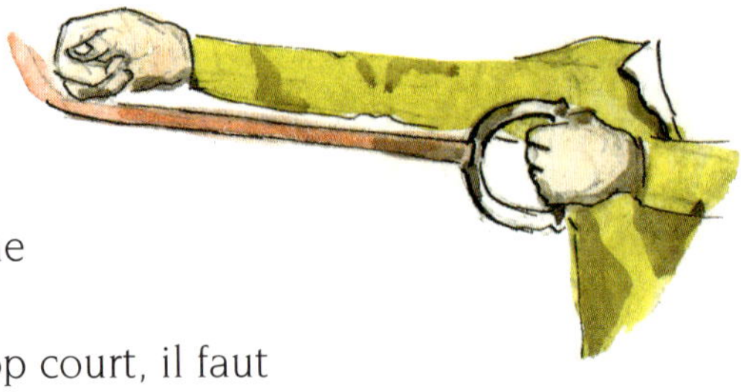

◗ A pied, mets le poing droit, fermé, contre la selle, en tendant ton bras.
Prend l'étrier dans ta main gauche, et amène-le sous ton bras droit.
Si l'étrivière reste tendue, c'est que tu as la bonne longueur.
Si l'étrier n'arrive pas sous le bras : l'étrier est trop court, il faut le rallonger.
Si l'étrivière n'est pas tendue, l'étrier est trop long, il faut le raccourcir.

◗ Ne fais pas attention aux numéros que tu vois sur l'étrivière. Comme tous les cavaliers montent par la gauche, l'étrivière gauche est toujours un peu plus allongée que la droite.

◗ Quant tes étriers sont réglés, ils doivent être au même niveau. Place-toi devant ton poney pour vérifier et, si tu n'es pas sûr, demande à ton enseignant de te conseiller.

Se mettre en selle avec des étriers

1

2

◗ Quand tu es prêt à monter passe les rênes par-dessus l'encolure.
Ajuste tes rênes dans ta main gauche, tout en prenant une poignée de crins. Mets ton pied gauche dans l'étrier **(1)**, en faisant bien attention de ne pas enfoncer ta pointe de pied dans le corps du poney.

3

4

Tire sur tes bras pour monter, mais pousse aussi avec ta jambe droite qui est au sol (2) et (3). Lorsque tu passes ta jambe droite par-dessus la croupe du poney, fais bien attention de ne pas la cogner (4).
Mets-toi rapidement en selle sans tomber lourdement sur le dos de ton poney.

Régler ses étriers en étant à poney

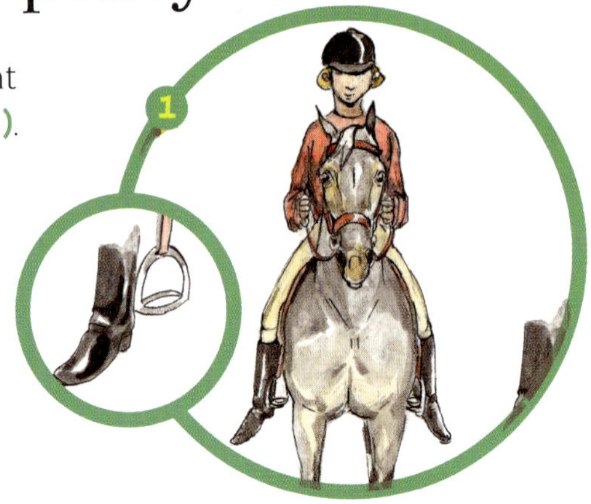

- Tes étriers sont de la bonne longueur lorsqu'ils arrivent au niveau de ta cheville quand tu les déchausses (1 et 2). Des étriers réglés plus courts servent à aller sauter, pour que tu sois bien en équilibre. Mais nous verrons cela un peu plus loin (voir page 95).

- Pour régler tes étriers tout en étant à poney il faut, comme te le montre le dessin (3), que tu agisses de la façon suivante :
– Tu mets tes rênes autour de tes bras ; tes mains sont libres pour régler l'étrier.
– Tu avances ta jambe devant la selle.
– Tu sors la boucle de l'étrivière de sa « cachette » afin de la voir.
– Tu repères à quel trou était bouclée l'étrivière.
– Tu rallonges ou raccourcis, suivant les consignes de ton enseignant.
– Tu remets la boucle à sa place en tirant sur la partie de l'étrivière qui est contre la selle.
– Tu fais la même action à l'autre jambe.

- Au début tu feras cela arrêté, mais petit à petit, tu pourras t'entraîner à le faire au pas.

Ressangler en étant à poney

- Maintenant, tu vas apprendre à ressangler seul (4).

- Lorsque tu serres la sangle la première fois, le poney gonfle son ventre, pour ne pas être serré. Mais dès qu'il marche un peu, il arrête de se gonfler. C'est pour cela que tu sangles une fois au box, puis une autre fois avant de monter, et que tu ressangles encore une troisième fois quand ton poney a marché un peu.

- Pour ressangler, mets tes rênes dans ta main droite et ressangle avec ta main gauche.
– Passes ta jambe gauche en avant du quartier de la selle.
– Soulève ce quartier, et attrape le contre-sanglon (p. 72) et tire-le vers toi.
– Avec ton doigt, glisse la petite partie métallique dans le trou.

- Ton enseignant te guidera.
Au début tu ressangleras à l'arrêt mais, petit à petit, tu t'habitueras à le faire au pas.

3

4

Chausser ses étriers

Chausser ses étriers veut dire mettre ses étriers.

Observe les dessins :
– Le premier pied (5) est trop enfoncé, on dirait que son cavalier a mis une pantoufle !
– Le deuxième (6) est trop au bord ; le pied risque de glisser, ou le cavalier va se crisper pour le garder.
– Le troisième (7), par contre est très bien ! C'est la bonne façon de chausser ses étriers. On dit qu'il est **au tiers du pied !**

Entraîne-toi à chausser et à déchausser tes étriers sans regarder tes pieds !

5

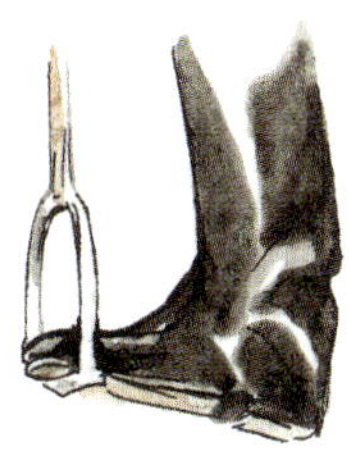

6

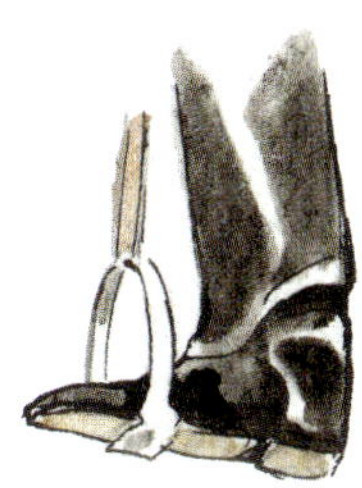

7

Le pas

1. Au pas, il y a toujours trois pieds qui touchent le sol. Quand le postérieur droit vient se poser ↓ l'antérieur droit se lève ↑

2. Quand l'antérieur droit se pose ↓ le postérieur gauche se lève ↑

▸ Tu connais les trois allures du poney : le pas, le trot, le galop.
Maintenant tu vas apprendre comment le poney déplace ses jambes à chaque allure.

▸ Tout d'abord je t'explique un mot : **bipède** signifie **deux pieds.**

▸ Tu pourras donc dire :

– **bipède antérieur** au lieu de 2 antérieurs

– **bipède postérieur** au lieu de 2 postérieurs

– **bipède latéral droit** au lieu de antérieur droit et postérieur droit

– **bipède latéral gauche** au lieu de antérieur gauche et postérieur gauche,

– **bipède diagonal gauche** au lieu de antérieur gauche et postérieur droit

– **bipède diagonal droit** au lieu de antérieur droit et postérieur gauche.

▸ Cela va te servir pour l'explication des allures.

3 **Quand le postérieur gauche se pose**
l'antérieur gauche se lève

4 **Quand l'antérieur gauche se pose**
le postérieur droit se lève

Voici la définition du **pas :**
Le pas est une allure **marchée, symétrique** et à **quatre temps égaux**.
– Une allure **marchée** signifie qu'il y a toujours un pied qui touche le sol.
– Une allure **symétrique** signifie que les jambes gauches vont faire le même mouvement que les jambes droites.
– A **quatre temps égaux** signifie que le rythme de cette allure est régulier.

Le bruit que fait le sabot sur le sol s'appelle la **battue.**

Le trot

1 1er temps
Le bipède diagonal gauche quitte le sol,
Le bipède diagonal droit est posé

2 Projection
Le bipède diagonal gauche avance,
tu peux voir qu'il n'y a aucun pied qui touche le sol

5 1er temps vu de dessus
Les fers rouges te montrent quels sont les pieds qui sont posés : ici c'est le bipède diagonal droit

Voici la définition du **trot.**
Le trot est une allure **sautée, symétrique,** et à **deux temps égaux.**

Une allure **sautée** indique qu'il y a un temps où aucun pied ne touche le sol.
L'allure est **symétrique** car le poney va avancer son bipède diagonal droit, puis le bipède diagonal gauche.
A **deux temps égaux** car le rythme est régulier.

3 **2ᵉ temps**
Le bipède diagonal gauche se pose,
le bipède diagonal droit quitte le sol

4 **Projection**
Le bipède diagonal droit avance
tu peux voir qu'il n'y a aucun pied
qui touche le sol

6 **2ᵉ temps vu de dessus**
Les fers rouges te montrent
quels sont les pieds
qui sont posés :
ici c'est le bipède diagonal
gauche

1

Le trot enlevé

Tu sais monter sans étriers, en restant assis dans ta selle, et en te penchant en arrière (1). Maintenant tu vas trotter avec des étriers dans un geste « assis-debout » que l'on appelle le trot enlevé. En d'autres termes, trotter enlevé consiste à se lever puis à se rasseoir, puis à se lever de nouveau, et ainsi de suite, en cadence avec l'allure, pour éviter une secousse sur deux. En se levant un temps sur deux cette allure devient plus confortable et moins fatigante.

Pour apprendre à faire ce geste « assis-debout » du **trot enlevé,** tu t'entraînes d'abord à le faire au pas, puis tu le fais au trot :
– Ne te cramponne pas avec les jambes, ne serre pas les genoux.

2 3

– N'hésite pas à prendre une poignée de crins pour te lever si tu sens que tu en as besoin.
– Pour trouver le rythme, regarde l'antérieur côté mur, en te penchant en avant (2).
– Quand tu le vois « avancer » tu te lèves (3).
– Quand tu le vois « disparaître » tu remets tes fesses en contact avec la selle (2).

Ce mouvement se fait sans forcer.
Fais attention à ne pas tirer sur tes rênes quand tu te lèves et à ne pas retomber lourdement dans ta selle lorsque tu t'assois.
Le trot est une allure qui secoue, tu le sais ! Cela secoue parce que le dos du poney « monte et descend » vite. C'est dû au fait qu'il passe d'un bipède diagonal à l'autre.

Trotter sur le bon pied

La bonne expression est **trotter sur le bon bipède diagonal,** mais généralement, on dit **trotter sur le bon pied,** c'est plus rapide.

Pour trotter sur le bon pied lorsque tu es piste à main gauche, regardes l'antérieur du côté du **pare-bottes.**
Le pare-bottes est le nom donné à tout ce mur qui est le long du manège.
Lorsque tu vois l'antérieur avancer, tu te lèves, quand il disparaît, tu t'assois.

Si tu changes de sens (c'est-à-dire si tu changes de main) c'est toujours le membre côté pare-bottes qu'il faut regarder.
Écoute bien les conseils de ton moniteur et entraîne-toi.

Si tu es sur **le mauvais antérieur** (et donc sur le mauvais bipède diagonal) restes assis deux temps dans ta selle, puis reprend ton « assis-debout ».

Attention de ne pas faire les erreurs suivantes :
– Au début on se lève souvent trop haut !
– N'agite pas tes mains.
– Ne t'accroche pas aux rênes.
– Ne retombe pas lourdement dans ta selle.

Pourquoi changer de bipède diagonal au trot enlevé ?

Lorsque tu es en manège ou en carrière, ton enseignant t'apprend à trotter avec le bipède diagonal extérieur, c'est-à-dire celui qui est du côté du mur ou du pare-bottes.

Tu t'assois lorsque le bipède diagonal extérieur se pose, et tu te lèves lorsqu'il s'avance.

Quand tu changes de main, tu changes de bipède diagonal sur lequel tu trottes. Pourquoi ? Parce qu'en changeant régulièrement tu ne risques pas de fatiguer le bipède diagonal sur lequel tu t'assieds.

En extérieur, tu dois donc penser à changer de bipède diagonal de temps en temps, sinon tu fatiguerais toujours celui sur lequel tu t'assieds.

Le bipède diagonal droit est posé,
le cavalier est debout

Le bipède diagonal droit est levé,
le cavalier est assis

Pare-bottes

Bipède diagonal extérieur gauche levé

Partir et revenir en un point précis, seul

▸ Pour réaliser un tracé précis, tes rênes sont ajustées, tes jambes en action, et ton haut du corps est orienté vers le point où tu veux arriver : ainsi ton poney sentira ta volonté de réussir.

▸ La difficulté de partir et de revenir en un point précis est de réaliser la précision sans à-coups.

Conduire au trot sur des courbes serrées

▸ Comme nous l'avons vu page 56, plus la courbe est serrée plus ton poney a tendance à ralentir. Le « défi » consiste donc à pouvoir réaliser de belles courbes serrées, tout en gardant le mouvement de ton poney !

▸ Pour cela, et si tu dois faire un slalom serré, pense à bien faire tourner tes épaules et ton nombril chaque fois que tu tournes, pour donner une indication supplémentaire à ton poney. Tes jambes restent actives pour garder le poney au trot.

▸ Attention à ce que tes mains ne tirent pas sur les rênes.

La position « en équilibre »

▸ Maintenant que tu as les étriers tu vas apprendre une nouvelle position : la **position en équilibre.**
Cette position va te permettre de trotter et de galoper **en équilibre,** et de **sauter des obstacles.**

▸ Pour pouvoir prendre cette position, tu raccourcis tes étriers de deux ou trois trous par rapport à la longueur habituelle.
Tu connais la position du trot enlevé. Si tu restes dans cette position « fesses levées », tu es dans la position « en équilibre ».
Au début tu peux te stabiliser en tenant un peu de crinière.

Mais il faudra que tu apprennes petit à petit à tenir en équilibre sans crinière !

Le galop

Le galop est une allure **basculée**, **dissymétrique** et à **trois temps inégaux.**

C'est une allure **basculée** parce que le mouvement ressemble à celui d'un fauteuil à bascule.
C'est une allure **dissymétrique,** car les jambes du poney ne font pas la même chose.

Le galop est l'allure la plus rapide.
Le poney peut galoper de deux façons, sur le **pied droit** ou sur le **pied gauche.**
Si tu es piste à main droite, tu galopes sur le pied droit.
Si tu es piste à main gauche, tu galopes sur le pied gauche.

Pour savoir si tu es sur le bon pied, tu te penches légèrement pour voir les antérieurs de ton poney. Celui qui s'avance le plus est celui sur lequel ton poney galope. Si tu vois que ton poney avance l'antérieur gauche plus que le droit, c'est que tu galopes sur le pied gauche.

Le départ au galop « par prise d'équilibre »

- Jusqu'à présent pour partir au galop tu serrais les jambes, jusqu'à ce que ton poney parte au galop.

- Maintenant, tu vas apprendre une nouvelle façon de prendre le galop, qui te permettra de prendre cette allure en un point précis, et de prendre le galop sur une ligne droite.

- On appelle cette façon de prendre le galop, le départ au galop **par prise d'équilibre.**

- Pour cela, tu recules la jambe qui est du côté du pare-bottes (p. 128).
Tu serres tes deux jambes qui sont décalées.
Tu résistes dans tes mains pour que le poney n'accélère pas le trot.
Tu peux t'aider d'un appel de langue, ou d'un petit coup de cravache sur l'épaule.

- Une fois que ton poney est au galop, tu vérifies que tu galopes sur le pied voulu. Si tu es sur le mauvais pied, repasse au trot et demande un nouveau départ.

Le galop en extérieur

A l'extérieur, le galop c'est génial ! C'est plein de nouvelles sensations ! Mais il faut être plus attentif.

A toi de lui dire que tu es là et qu'il doit t'obéir. Un simple petit rappel à l'ordre à l'aide d'une petite action sur les rênes suffit généralement. Plus tu seras « cool » en profitant de l'instant présent, plus lui aussi deviendra plus « cool ».

Tu ne peux pas contrôler le poney par la force. Il est beaucoup plus fort que toi. Par contre, tu peux être plus malin que lui. Pour qu'il t'obéisse, tu dois lui donner des ordres précis : ce n'est pas lui qui commande. Par contre, sois généreux en caresses.

Un poney qui vit chouchouté dans son box, et qui tout à coup, rencontre un énorme tracteur orange, est inquiet, c'est normal.
N'hésite pas à utiliser ta voix, pour le rassurer, s'il a peur de ce tracteur ou de tout autre chose.

En extérieur, la position en équilibre est plus confortable pour galoper. Elle est aussi beaucoup moins fatigante. En cas de problème, on se penche en arrière.

Pour pouvoir galoper dehors, le sol doit être confortable pour les pieds du poney.
Le chemin ne doit pas avoir de trous ou de branches au sol.
On ne galope pas sur de la route, ni en descente.
On ne galope pas dans un champ cultivé.
Ni dans un champ de blé qui vient d'être fauché, cela peut blesser les jambes des poneys.
Si le galop se passe en groupe, chacun doit rester à sa place les uns derrière les autres.
Un poney qui doublerait donnerait aux autres le signal de faire des « bêtises ».

Sauter un obstacle isolé

Pour sauter, ton enseignant te fait raccourcir tes étriers. Cela te permet de te mettre plus facilement en équilibre, et d'encaisser plus facilement le saut.
Encaisser veut dire absorber sans difficulté le déséquilibre que provoque le passage l'obstacle.

Dans un premier temps tu passes des barres par terre, ensuite, tu franchis de petits obstacles.

Généralement, l'obstacle n'est pas haut et le poney ne fait que l'enjamber. Cela te permet de t'habituer (rappelle toi ce que nous avons vu page 67).

Au début tu sautes au trot, ensuite, au galop.
Tu dois apprendre à :
– contrôler l'allure avant et après l'obstacle,
– conduire ton poney au milieu de l'obstacle à sauter.
Ton enseignant te guidera.

Pour sauter des obstacles, il faut que tu penses à :
– te mettre en position d'équilibre
– prendre une poignée de crins en avançant tes deux mains,
– rester souple sur tes jambes, et ne pas serrer les genoux,
– regarder loin devant toi.

Après avoir sauté, pense à caresser ton poney.

Sauter en extérieur

▸ Ton enseignant va choisir des obstacles simples, pour tes premiers sauts en extérieur.

▸ Prends la position en équilibre, sans serrer les genoux.
Garde tes distances.
Garde la même allure.
Après l'obstacle, reprends ta place à la bonne distance du poney qui est devant toi, puis caresse-le.

▸ Il existe différentes **familles d'obstacles.**
– les obstacles mobiles (pages 128 et 129),
– les obstacles fixes,
– les « passages obligatoires », qui peuvent être, le franchissement d'un fossé, descendre une pente au pas, passer sous une grosse branche, ouvrir une porte à poney, etc.

N'oublie pas !

Les aides du tourner

Tourner veut dire emmener son poney vers la gauche ou vers la droite.

- Pour cela, tu déplaces tes deux mains dans la direction où tu souhaites aller.
Tu tournes tout le haut de ton corps (du nombril jusqu'au regard) dans la direction voulue.
Si tu tournes à gauche, ta rêne gauche attire la tête du poney vers la gauche, ta rêne droite pousse les épaules vers la gauche.
Si ton poney ralentit, regarde si ce n'est pas toi qui tire sur les rênes ; sinon, serre les jambes et si cela ne suffit pas, talonne.
- Il existe un **effet indirect** que je t'apprendrai au Galop 4.

Les consignes de sécurité en extérieur

En groupe, sois attentif aux conseils de l'enseignant. Il **signale tous les imprévus** sur le chemin : trous, branches basses... (3)

- **Fais circuler l'information** que tu entends, en la répétant assez fort en direction de ceux qui sont derrière toi.
- Reste bien à la **queue leu leu,** derrière le poney qui est devant toi, et **ne double pas.**

Se promener est souvent plein de surprises, ce n'est pas le moment de rêver.

- Reste **attentif,** aux choses inhabituelles qui peuvent effrayer le poney. Par exemple : le sac plastique qui s'envole, le chien qui arrive en aboyant derrière le grillage...
- **Respecte** les cultures et les plantations. Ne laisse pas ton poney brouter les fleurs d'un jardin ou manger les pommes dans un verger.
- Si tu passes une porte, **referme-la** (4).
- **Ne descends pas** sans autorisation.
- **Préviens** si tu vois un problème.
- **Respecte** le côté de la route.

En descendant de poney

Ce que tu dois faire après être monté

Après la reprise, tu effectues d'autres soins élémentaires :

– Tu reconduis ton poney à son box.
– Tu lui enlèves la selle et le filet.
– À ce moment le poney aime se rouler. Sors du box, ferme la porte et laisse-le faire, il appréciera d'autant mieux le pansage après.
– Range le matériel dans la sellerie.
– Pour t'occuper de lui, attache-le dans son box (regarde le nœud qu'il faut faire page 25).
– Vérifie qu'il n'a pas de blessures aux membres.
– Mets-le poil à rebrousse-poil afin qu'il sèche.
– Cure les pieds, et contrôle que les fers (s'il y en a) ne bougent pas.
– Vérifie le passage de la têtière, ainsi que la commissure des lèvres.

En été, l'enseignant peut te proposer de **doucher** ton poney en entier. Attention de ne pas mouiller la tête ni les oreilles, car il n'aime pas ça. Une fois douché, tu dois lui passer **le couteau de chaleur** (2, 3, 4) pour enlever le plus gros de l'eau. Le couteau de chaleur se passe dans le sens du poil. Ensuite, tu le fais sécher au soleil en le laissant brouter de l'herbe, c'est une bonne récompense.

En hiver si les membres sont vraiment pleins de boue, ton enseignant te demandera peut-être de les doucher (1). Il faudra bien essuyer le pli du paturon (page 81) car l'eau en séchant avec le froid peut créer des **gerçures ou des crevasses.** Des gerçures ou des crevasses sont de petites coupures qui lui font très mal.

2
3
4

S'occuper de la litière du poney

La **litière** désigne ce qui se trouve sur le sol du box ou de la stabulation. Entretenir la litière signifie qu'il faut la nettoyer régulièrement.

La litière a plusieurs rôles :
– elle apporte du confort au poney, surtout quand il se couche,
– elle fait comme un « matelas »,
– elle l'isole du froid,
– elle absorbe les urines.

Il existe différentes litières :
– celles qui sont faites de paille,
– celles qui sont faites de copeaux.
Il en existe d'autres mais je ne vais te parler que de ces deux là qui sont les plus courantes.

Tous les matins, il faut entretenir la litière des boxes et des stabulations. La personne qui s'occupe de nettoyer les écuries s'appelle le **palefrenier.**

Pour une **litière de paille :**
– Il faut ôter les crottins et la paille salie, à l'aide de la fourche. Cela s'appelle **le fumier.**
– Tu le déposes dans la brouette et lorsque celle-ci est pleine, tu la vides à l'endroit prévu. En général ce lieu se situe derrière le club, et il s'appelle **le tas de fumier.**
– Ensuite, puisque tu as enlevé beaucoup de fumier, tu rajoutes de la paille fraîche. Il faut que la paille soit bien étalée dans tout le box.

Une ou deux fois par semaine le palefrenier vide le box complètement, ce qui s'appelle **curer le box.**

Pour une **litière en copeaux :**
– On enlève juste les crottins et les copeaux salis au fur et à mesure de la journée.
– Si cela est nécessaire, tu rajoutes des copeaux pour que le box ait un bon « matelas ».
– Le palefrenier cure entièrement les boxes une fois par semaine.

Sans doute auras-tu sali un peu **les abords.** Les abords sont la cour et les allées qui entourent les écuries. Il te faudra alors balayer et ratisser avec la raclette, pour que tout soit propre.

Tu profiteras de ce moment pour regarder si l'abreuvoir est propre. Si le poney a un seau, il te faudra peut-être le nettoyer. Le palefrenier t'indiquera comment faire.
L'eau que boit ton poney doit toujours être propre. Le mieux est de le vérifier à chaque fois que tu entres dans son box.

Les parties du pied

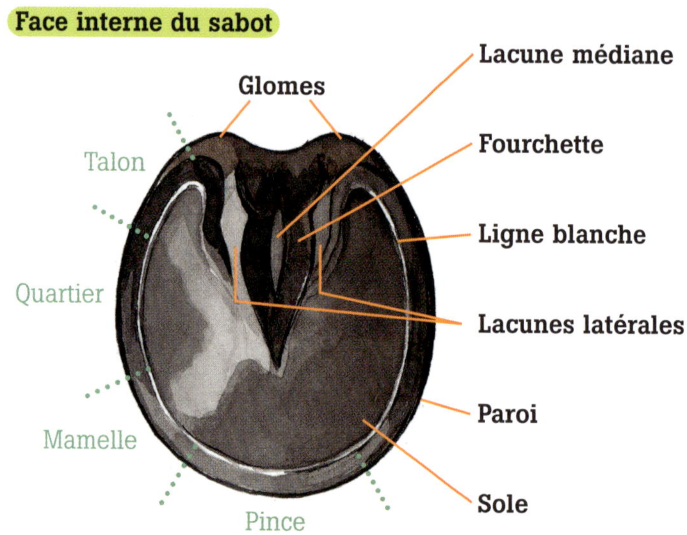

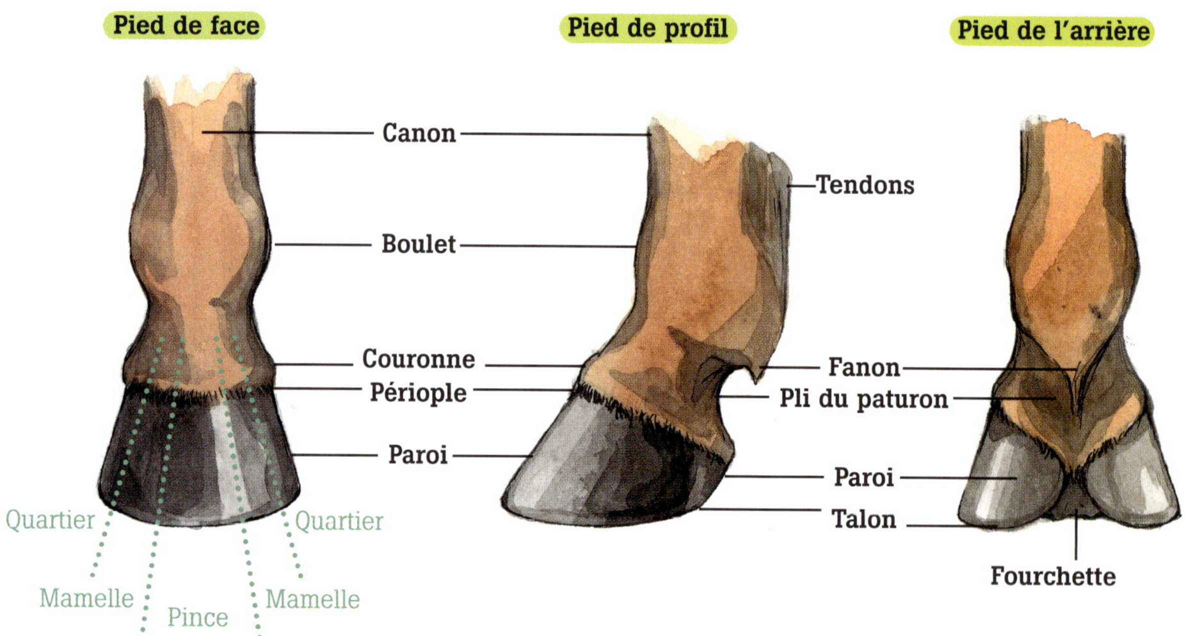

Graisser les pieds

Les sabots s'entretiennent en passant une fois par semaine de la **graisse à pied.**

Avant de les graisser, il faut que tu cures chaque pied, puis que tu le brosses pour enlever toutes les saletés. Une fois que le pied est propre, ne le repose pas par terre. Prends le pinceau à graisse, trempe le dans le pot à graisse, et « peins » le dessous du pied du poney avec application. Repose le pied, reprend de la graisse et « peins » le sabot.

Si tu t'es mis de la graisse sur les mains, prends le temps de les frotter avec une poignée de sable (du manège) avant d'aller les laver sous le robinet !

Si ton poney a des fers

Si ton poney à des fers, on parle de la **ferrure.** Le rôle de la ferrure est de protéger le pied du poney de l'usure.

Soulève le pied de ton poney, puis, attrape le fer et essaye de le secouer :
– il ne doit pas être de travers,
– il ne doit pas bouger,
– tous les clous doivent être présents.

Le fer dépasse légèrement du sabot lorsque le poney vient d'être ferré. Tu peux reconnaître qu'un poney a besoin d'être

Vue de la partie du fer en contact avec le sabot

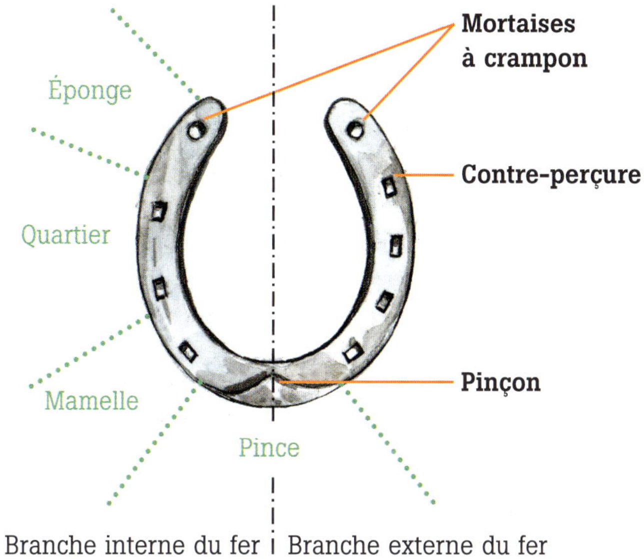

Fer antérieur

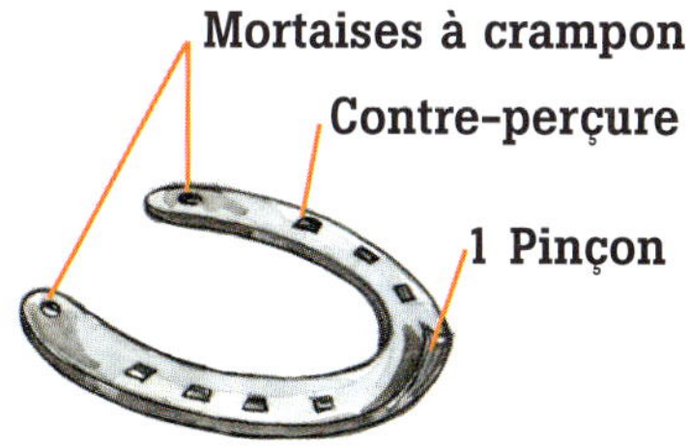

Fer postérieur

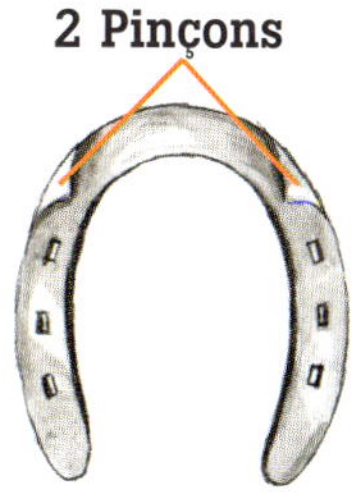

Vue de la partie du fer en contact avec le sol

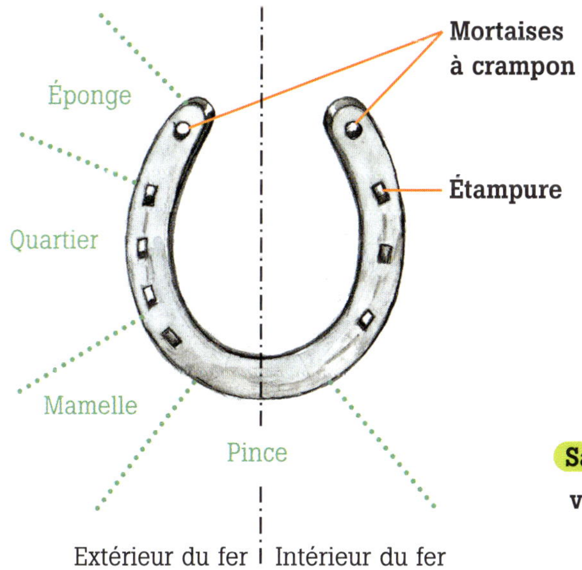

Clou à cheval

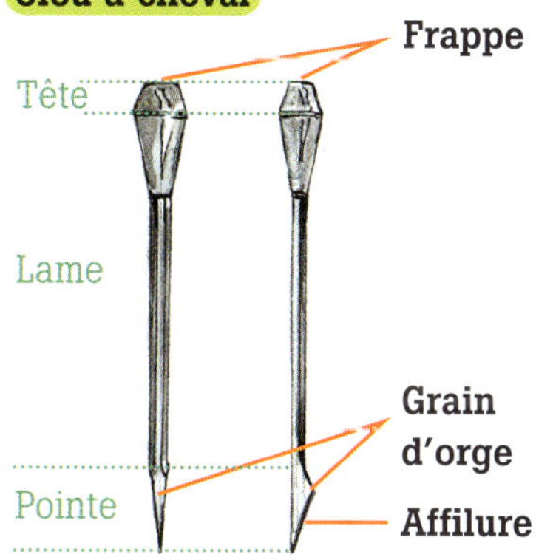

Sabot antérieur avec fer

vu de face **vu de profil** **vu de l'arrière**

ferré lorsque le fer te paraît trop petit. Les chevaux et poneys sont généralement ferrés toutes les quatre à six semaines.

En cas de doute, informe ton enseignant ! Il vaut mieux le déranger pour rien, plutôt que de passer à côté d'un problème.

Inspecter les membres et les pieds

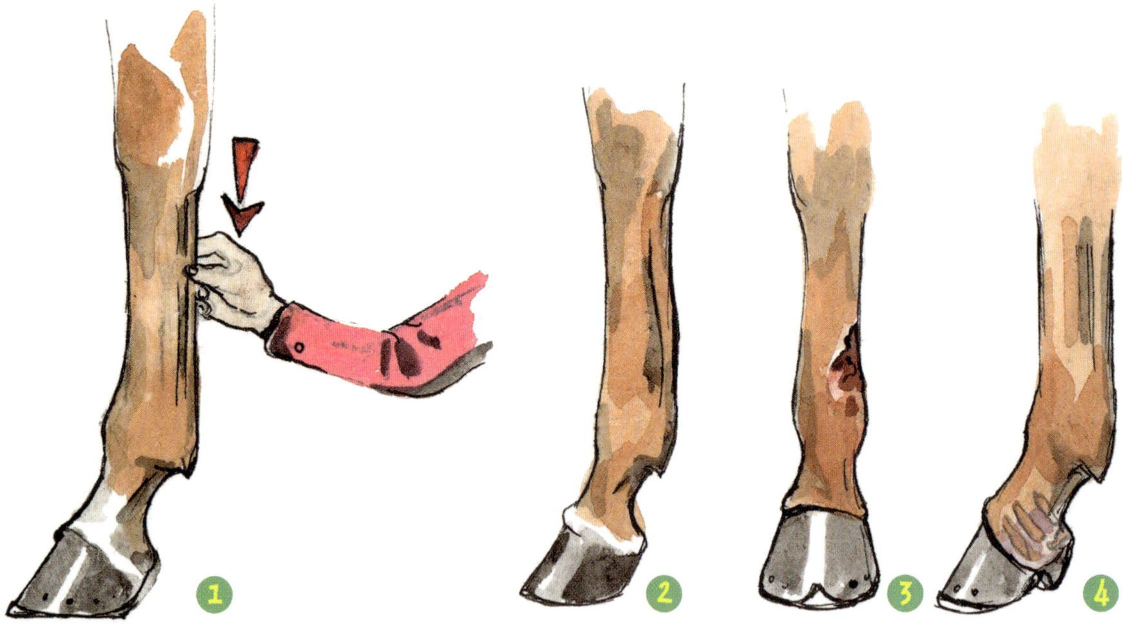

Inspecter cela veut dire contrôler.
En même temps que tu cures les pieds, avant et après le travail, il faut que tu t'assures que les membres et les pieds n'aient pas de « problèmes ».

Pour inspecter les membres, passe ta main de haut en bas (1) pour t'assurer qu'il n'y a ni chaleur, ni plaies (3 et 4), ni boutons, ni déformations (2).
Les tendons doivent être froids et secs avant le travail. Ils peuvent être légèrement chauds après l'effort, mais sans plus. Si tu les sens très chaud ou si tu sens une légère déformation, il faut prévenir ton enseignant.

Pour inspecter les pieds, tu dois d'abord les curer. Ensuite, tu vérifies :
– que les lacunes et la sole (p. 110) sont bien dégagées (6),
– que la corne n'est pas abîmée (7),
– que le fer ne bouge pas (5),
– qu'il n'a aucune blessure.

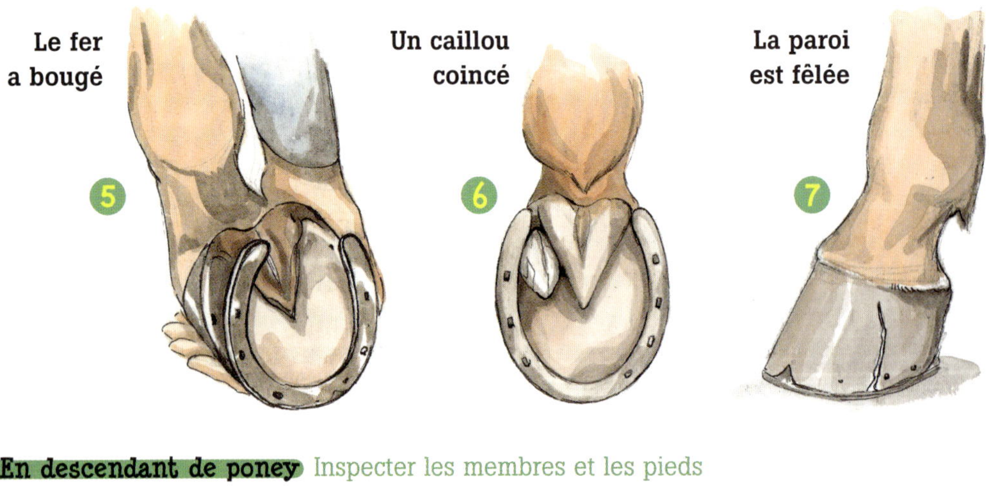

Le coin des parents

Autour de l'équitation

Il est toujours très attractif de rencontrer au détour d'un chemin, un cheval ou un poney dans pré. Soyez prudent, ne rentrez pas dans son enclos pour le caresser. Vous pénétrez dans son territoire, il pourrait avoir des réactions inattendues.

Chez les équidés, l'instinct grégaire est très développé. Le troupeau constitue leur seule sécurité face aux prédateurs. Leur ouïe est très développée, pour identifier le danger rapidement et fuir, par contre leur vue est moins précise que la nôtre... c'est pour cela qu'ils peuvent s'effrayer de petites choses !

Le cheval et le poney sont plutôt silencieux. Le hennissement est leur mode de communication entre eux, pour rester en contact.

Le cheval et le poney peuvent dormir debout. Mais ils sont comme nous, ils ont bien compris que le repos allongé de tout son long est plus profitable.

Il existe des métiers traditionnels autour du cheval comme vétérinaire, maréchal-ferrant, palefrenier. Mais savez-vous qu'il existe aussi des ostéopathes pour équidés, des dentistes équins, de la kinésithérapie animalière ?

Le mot « poney » vient de l'anglais « pony » qui vient lui-même du vieux français « poulenet » qui signifiait « petit poulain ».

D'une manière générale, quand vous rencontrez un cheval ou un poney, que ce soient ceux du club où monte votre enfant, ou au détour d'un pré, ne lui donnez pas à manger. Outre que vous risquez de vous faire pincer les doigts, sachez que le système digestif de ces animaux est sensible (même si ce sont de « grosses bêtes ») et que toute friandise pourrait nuire à sa santé.

Galop 4

À côté du poney

Comportement du poney à l'écurie, au travail, à l'extérieur

A l'écurie, le poney reste toute la journée et toute la nuit dans son box. Il sort au minimum une heure par jour. Il faut qu'il s'occupe le reste du temps. Il joue à attraper le loquet de sa porte, à mordiller celui qui passe, à lécher le mur, à pousser sa pierre à sel. La vie au box n'est pas facile pour lui qui aime tant être en troupeau, jouer avec ses copains et galoper dans de grands espaces.

La journée du poney en liberté est très différente de celle qu'il a en box. Au pré, le poney passe plus de la moitié de son temps à brouter en marchant. L'autre moitié du temps est pour sa toilette, pour les jeux (2) et pour dormir. Il aime se reposer tête-bêche (3), avec un copain, chacun chassant les mouches de l'autre avec sa queue.

1

2

Il aime faire de petites siestes debout. Mais il aime bien s'allonger pour se reposer complètement. Le poney s'allonge de tout son long environ une heure par jour.

4

▸ En groupe, quand un poney dort, les autres broutent mais montent aussi la garde. A la moindre alerte ils se sauvent au galop.

▸ Pour communiquer, le poney a mille grimaces « dans son sac » (4). En l'observant, tu apprendras son langage.

▸ Une des particularités du poney et du cheval est d'être particulièrement craintif. C'est pour cela que lorsque quelque chose lui fait peur (1), il s'enfuit. Il ne faut pas que tu t'énerves, ni que tu l'obliges à rester devant ce qui lui fait peur. Au contraire il vaut mieux le laisser partir un instant, puis l'arrêter, le calmer, et revenir tranquillement et doucement vers la chose qui lui a fait peur pour la lui montrer. Caresse-le, rassure-le avec ta voix, et si tu es sur son dos, tu peux même descendre et marcher près de lui tout en le rassurant.

▸ Lorsqu'il est au travail, le poney doit obéir à son cavalier. Mais parfois en passant à côté d'un autre il couche les oreilles. Parfois, il veut rester près de son voisin de box. Dans ces cas là, il cherche à communiquer avec l'autre, mais il t'oublie un peu. Rappelle-le à l'ordre, mais sans brutalité.

3

Poser des protections de travail

Lorsque ton poney se déplace dans des allures rapides, il peut se blesser au niveau des jambes, et des pieds **(1)**. Pour éviter cela, il existe des protections de travail.

Les **cloches** protègent la couronne, les glomes (page 110) et le pied en général. Il existe des cloches avec fermetures, et d'autres sans fermetures ; regarde le dessin **(2)** pour comprendre où les poser.

Les **guêtres** protègent les canons. Il y a des guêtres pour les antérieurs, et d'autres pour les postérieurs (elles sont généralement plus hautes que les guêtres qui se mettent aux antérieurs). Elles peuvent être ouvertes, et protègent alors les tendons et les boulets. Elles peuvent être fermées, et protègent alors les tendons, le boulet et le canon.
Regarde bien le dessin **(3)** pour comprendre leur sens ! Elles doivent être ajustées sans être serrées. Les fermetures (boucles ou scratch) doivent toujours être sur le côté extérieur du poney.

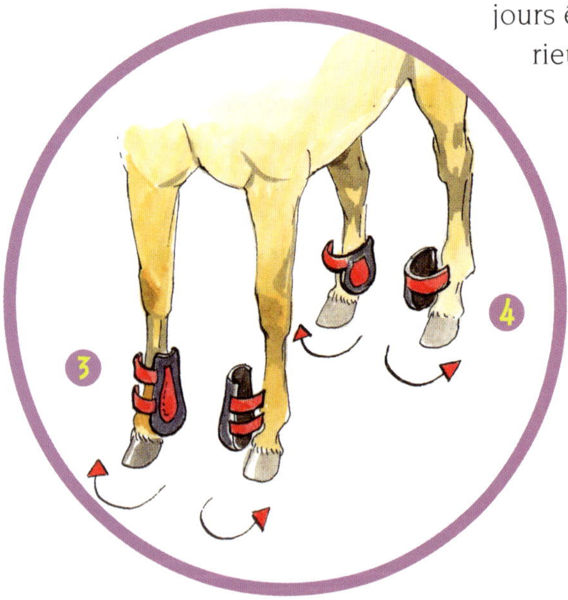

Les **protèges-boulets** **(4)** protègent les boulets des postérieurs. Ils se posent sur le boulet et doivent être ajustés sans être serrés.

La partie en contact avec la jambe du poney (et donc l'intérieur de la guêtre ou des protèges-boulets) doit toujours être propre. S'il y a du sable ou de la terre cela peut le blesser. Tu dois donc toujours les nettoyer après leur utilisation, et les ranger sèches.

Poser des protections de transport

On transporte les poneys grâce à un van ou un camion.

Quand le véhicule roule, le poney doit trouver son équilibre. Pour cela il s'appuie d'un côté ou de l'autre. Pour éviter qu'il se blesse quand il s'appuie, il faut le protéger grâce à des **protections de transport.**

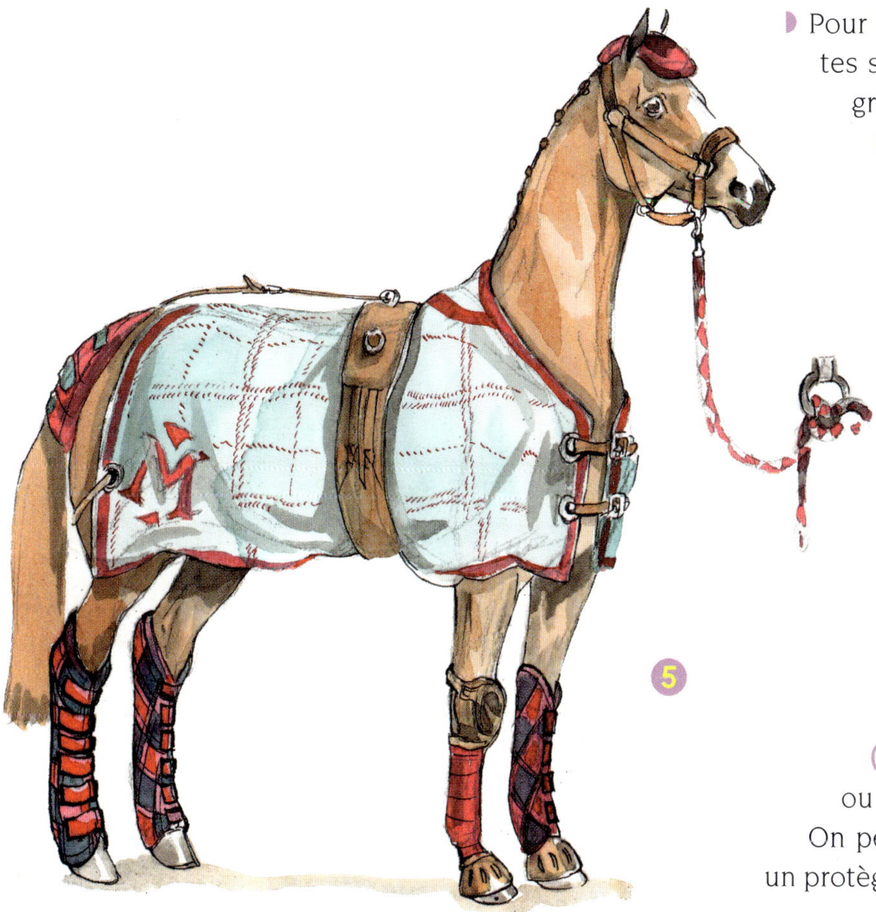

5

Pour les membres il existe toutes sortes de protections : des grandes, des petites... (5) Elles se posent avec des scratch, en face externe.

La protection des membres est un minimum indispensable. Mais on peut aussi protéger la partie supérieure de la queue par un protège-queue (6 et 7). Le protège-queue est en général du même type que les protections des jambes. Il est maintenu grâce au surfaix (8), posé sur la couverture ou sur un tapis. On peut protéger la nuque par un protège-nuque.

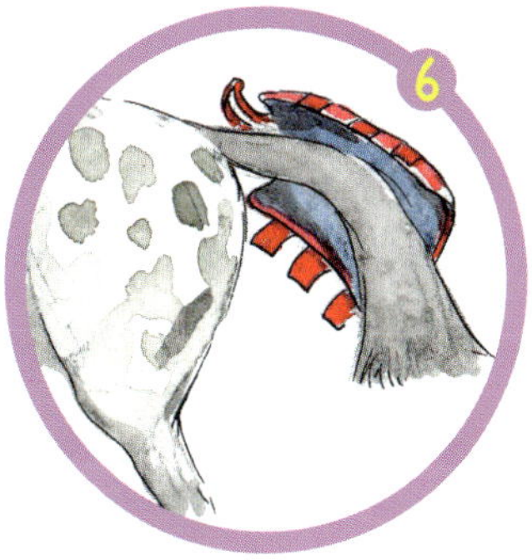

6

7

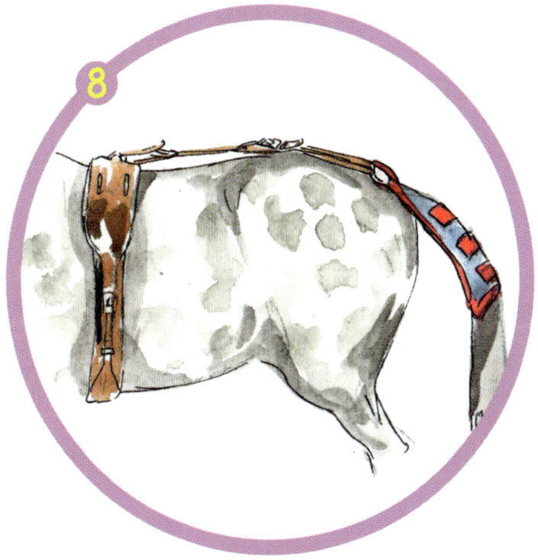

8

Sur le poney

Au pas, déplacer les hanches

▸ Pour déplacer les hanches du poney, tu vas utiliser une **jambe isolée.**
On parle de jambe isolée, lorsque tu utilises une seule jambe, qui est reculée.

▸ Elle se recule à partir de la hanche et non du genou.
Elle agit par petites pressions discontinues.

▸ Pour déplacer les hanches vers la droite :
– Écarte la main gauche pour garder le bout du nez du poney face au pare-bottes (1).
– Recule ta jambe gauche (2).
– Agis par pressions derrière la sangle de la selle (3).
– Ralentis en te redressant, au besoin, résiste avec tes doigts.
– Ton poney va alors déplacer ses hanches (3 à 5) vers l'intérieur du manège (vers la droite).
– Remets ta jambe gauche à sa place (6), ton poney reviendra de lui-même sur la piste.
– Caresse-le.

Notions de rêne d'appui

Tu vas maintenant apprendre une nouvelle façon de te servir de tes rênes. Cette nouvelle façon s'appelle la **rêne d'appui.** Pourquoi rêne **d'appui ?** Parce qu'elle appuie sur l'encolure (1).

Cette action de rêne est aussi appelée **rêne contraire.**

Pourquoi ? Parce qu'avec la main gauche, tu tournes vers la droite (1), et qu'avec la main droite tu tournes vers la gauche (2).

Pour tourner à droite, une rêne dans chaque main,

– tourne ton haut du corps et ton regard vers la droite,

– amène la tête du poney vers la gauche, en tournant ta main gauche, afin de voir tes doigts (1),

– appuie sur l'encolure avec ta rêne gauche (1), sans dépasser l'encolure,

– ta main droite doit laisser ton poney mettre sa tête à gauche (1),

– n'oublie pas de serrer tes jambes si ton poney perd de l'impulsion.

Lorsque tu tournes les deux rênes dans une main, tu utilises cet effet contraire ! Tu fais la même chose que les cow-boys ! Emmène la main qui tient les deux rênes dans la direction souhaitée.

Il est très important que les actions de rênes soient **discontinues.** Tes mains cessent d'agir quand le poney a obéi.

Ton regard et tout ton haut du corps jouent un rôle très important.

Inverser et enchaîner des courbes serrées

Pour effectuer cet exercice, il faut que ton poney **s'incurve** (page 36) sur chaque courbe.

Pour passer d'une incurvation gauche à une incurvation droite, tu dois changer progressivement tes aides.

Tu es dans une incurvation à gauche (par exemple), le regard vers la gauche :
– remet ton poney droit, en replaçant tes jambes et tes mains à leur place,

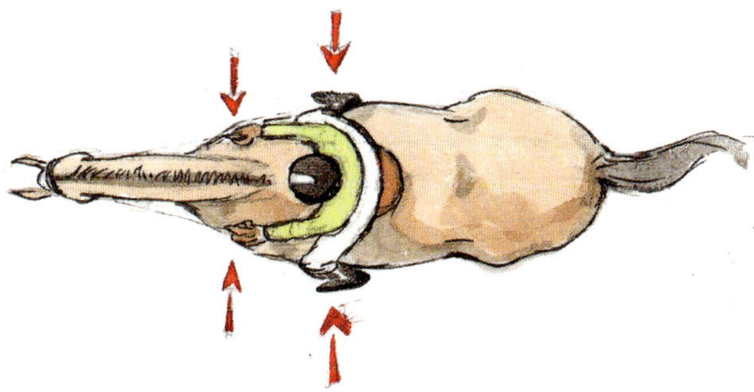

– maintenant tu as les deux jambes au même endroit,
– garde tes mains de chaque côté de l'encolure,
– regarde devant toi,
– met en place tes aides de l'incurvation à droite,
– regarde à droite, et commences ton autre courbe à droite.

On l'a vu, les courbes serrées font ralentir. La précision des courbes va donc dépendre de la façon dont tu vas préparer l'exercice. Tu dois absolument savoir le tracé que tu dois effectuer !

Ensuite, pense bien à :
– agir de façon discontinue avec tes rênes,
– à surveiller l'impulsion,
– à tourner ton regard et tes épaules dans la direction à prendre.

Au trot, s'équilibrer assis

▸ Trotter assis sans étriers ne te pose pas de problème. Maintenant il va falloir **trotter assis** en gardant les **étriers.**

▸ Pour cela, n'appuie pas sur l'étrier pour le garder, laisse juste le poids de ta jambe peser.

S'équilibrer au trot enlevé lors des changements de directions et des variations de vitesse

▸ On appelle **changements de direction** le fait de passer d'une courbe à droite vers une courbe à gauche.

▸ On appelle **variations de vitesse** les différentes possibilités de vitesse dans une même allure :
– le trot lent s'appelle le trot de travail,
– le trot moyen,
– le trot rapide s'appelle le trot allongé.

▸ Ces changements de directions et ces variations de vitesse risquent de te déséquilibrer lorsque tu es au trot enlevé.

- Pour rester stable au dessus de tes étriers :
– regarde à l'avance où tu veux aller, en te redressant,
– prévoie que ton poney peut ralentir ou accélérer et agis en conséquence.

- S'il ralentit, tu agis avec tes jambes, s'il accélère, tu te redresses, et tu agis avec tes mains.

1

2

Des allures différentes

- Tu sais déjà que les poneys peuvent se déplacer au pas, au trot ou au galop. Mais sais-tu qu'il existe d'autres allures ?
– l'**amble** (1), dans laquelle le poney avance le latéral droit (antérieur droit et postérieur droit), puis le latéral gauche.
– l'**aubin** (2), dans lequel le poney trotte avec ses postérieurs et galope avec ses antérieurs.
– le **traquenard** (3) est un trot où le poney bouge ses membres de façon désordonnée.

3

- Un poney fatigué, mal dressé peut avoir des allures **défectueuses,** par exemple :
– le galop à quatre temps. Le poser du bipède diagonal se fait en deux temps.
– Le galop désuni (4).

4

- Il existe un poney qui a cinq allures. C'est le poney islandais. Sa quatrième allure s'appelle le **tölt** et la cinquième **l'amble.**

Le mécanisme du galop à gauche et du galop à droite

Le **mécanisme** veut dire la façon dont le poney ou le cheval organise ses pieds à chaque fois qu'il galope. Tu as déjà vu page 98 que le galop était une allure à trois temps et que ton poney pouvait galoper à droite ou à gauche.

Le galop à droite

Premier temps
posé du postérieur gauche.

Deuxième temps
posé du diagonal gauche
(l'antérieur gauche et le postérieur droit en même temps)

Le galop à gauche

Premier temps
posé du postérieur droit

Deuxième temps
posé du diagonal droit (l'antérieur droit et le postérieur gauche en même temps)

Troisième temps
posé de l'antérieur droit,

Temps de projection
aucun membre ne touche le sol.

Troisième temps
posé de l'antérieur gauche,

Temps de projection
aucun membre ne touche le sol.

Pourquoi faut-il reculer la jambe quand on veut partir au galop ?

- Quand tu fermes tes deux jambes, le poney reconnaît le code « avance ». Lorsque ton enseignant te demande de reculer une jambe dans le départ au galop, c'est aussi un code pour le poney : il sait qu'il doit commencer son galop par la postérieur du côté où tu recules ta jambe.

- Tu es à main droite. Tu veux partir au galop à droite. Il faut que le poney commence son galop par le postérieur gauche. Tu recules donc ta jambe gauche dans ta demande. Regarde pourquoi page 126.

- Tu fais l'inverse si tu veux partir au galop à gauche.

Partir au galop du pas sur le bon pied

▸ Ce départ est plus difficile qu'au trot, car ton poney n'a pas l'impulsion du trot.
Il faut que tu sois très précis dans tes aides. Mais, au pas, tu es moins bousculé qu'au trot.

▸ Tu places d'abord tes aides pour prévenir ton poney que vous allez partir au galop, et ensuite, tu serres tes jambes pour lui dire « vas-y ! ».

▸ Pour préparer ton départ au galop à droite :
– les rênes sont ajustées et ton poney est dans l'impulsion,
– recule ta jambe gauche (en jambe isolée),
– garde ta jambe intérieure à la sangle,
– ta main droite met le bout du nez à droite,
– ta main gauche est contre la base de l'encolure,

▸ Pour demander ton départ, tu serres tes deux jambes décalées.

▸ Ne te jette pas en avant ; n'agite pas tes mains au moment du départ, elles restent près de l'encolure ; ton regard est loin et ton bassin accompagne les mouvement du départ.

▸ Pour prendre le galop à un endroit précis, pense à organiser ta demande un peu avant.

Conduire sur des courbes larges au galop

▸ Tu sais galoper assis sans étriers. Il va falloir que tu apprennes à galoper assis tout en gardant tes étriers. Pour cela, et comme nous l'avons vu pour le trot assis (page 124) n'appuie pas sur tes étriers : laisse juste le poids de ta jambe sur l'étrier.

▸ Pour conduire sur une courbe large au galop, utilises les aides de l'incurvation (page 136).
La courbe large rend le tracé de la courbe plus difficile à dessiner. C'est pour cela que les aides de l'incurvation vont être bien pratiques.

Galoper en terrain varié

Tu dois être capable
au galop de :
– garder une vitesse régulière,
– de conduire,
– d'utiliser tes aides correctement,
– regarder l'endroit où tu dois aller,
– caresser ton poney une fois le travail fini.

Pour cela, tu sais que tu dois garder tes rênes ajustées, tes jambes contre le corps de ton poney (sans les serrer, mais prêtes à agir). Tu ne dois pas laisser ton poney faire ce qu'il veut. Le mieux, est que tu agisses dès que tu sens que quelque chose ne va plus (il va vers la droite alors qu'il ne devrait pas, il ralentit ou accélère…). Ainsi, ton poney restera bien à ton écoute.

Enchaîner des sauts isolés

On appelle **enchaîner des sauts isolés** le fait de sauter un obstacle, puis de galoper pour aller en sauter un autre, etc.

La difficulté de cet exercice est d'être prêt pour chaque saut, comme si c'était le premier saut. Pour cela, il faut que tu te reprennes une position d'équilibre stable avant et après chaque saut.

Voici quelques consignes qui vont t'y aider :
– garde bien ta position équilibre en mettant ton poids du corps dans tes talons.
– Regarde l'obstacle suivant.
– Conduis ton poney jusqu'à l'obstacle, à la vitesse demandée !
– Redresse-toi après chaque saut.
– N'oublie pas de respirer !

C'est ton enseignant qui t'indiquera dans quel ordre tu vas sauter les obstacles.
Dès que tu sautes, tu dois regarder l'obstacle suivant.
Redresse-toi après chaque saut.

Les formes des obstacles

Il existe différentes formes d'obstacles.

Palanques

Vertical ou droit

Oxer

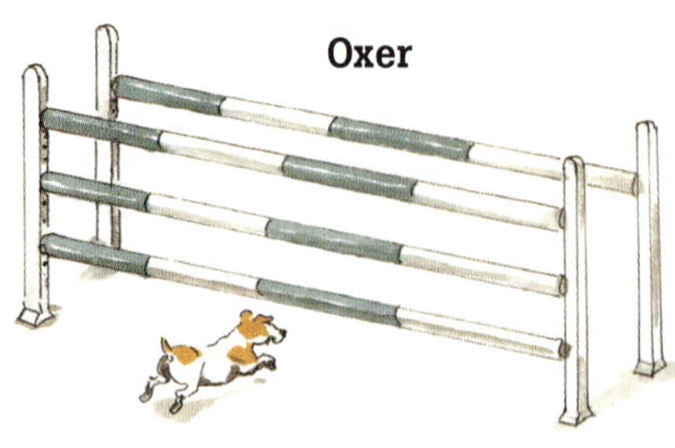

Spa

Mur

Sauter des obstacles

- Lorsque l'on saute des obstacles naturels (c'est-à-dire qui ne peuvent pas tomber) on parle de **cross.**
La vitesse du galop est plus rapide que lorsque tu sautes des obstacles dans la carrière. Cette vitesse s'appelle **le train.**

- Ce qui est important lorsque tu sautes des obstacles naturels, est de garder une vitesse régulière.
Les **fossés,** les **troncs d'arbres,** et les **obstacles fixes** se sautent dans un galop régulier.

Évoluer en terrain varié

- Les promenades se font en groupe et tu es accompagné.
Ne laisse pas s'éloigner le cavalier qui est devant toi : ton poney risquerait de partir d'un seul coup au galop pour le rattraper.

- En **montée** prend la position en équilibre et ne te tiens pas aux rênes.
En **descente,** redresse-toi et laisse ton poney faire, il a l'habitude.

- Les montées et les descentes se font de préférence au pas. Si le terrain est boueux, glissant, avec des cailloux, n'hésite pas à descendre de poney.

en terrain varié

Sur un **contre-bas,** ouvre légèrement tes doigts pour laisser le poney le descendre. Pour sauter les **contre-hauts,** prends une poignée de crins si tu en as besoin, (pour ne pas te raccrocher aux rênes) et encourage ton poney.

▸ Entre chaque obstacle, il est important que tu reprennes le contrôle de la vitesse. Rapproche-toi de ta selle et agis de façon discontinue avec tes mains, s'il va trop vite. Cela te permet de garder un poney en équilibre.

▸ Reste au pas si le chemin fait des zigzags, et que tu ne vois pas devant toi ce qui peut arriver.

▸ Si tu dois traverser un passage **d'eau,** laisse ton poney avancer son bout du nez. Cela lui permettra de renifler l'eau et de voir où il met les pieds. Prends la position en équilibre et une poignée de crins au cas où il déciderait de sauter.

▸ Le retour vers les écuries se fait au pas et dans le calme.

▸ Au pas tu as le temps d'admirer la nature, profites-en.

N'oublie pas !

L'accord des aides

Le fait que tu utilises tes aides sans te contredire s'appelle **l'accord des aides.** Pour agir sans te tromper il faut :
- savoir à l'avance ce que tu vas faire et comment,
- préparer les aides que tu vas utiliser,
- t'assurer que ton poney t'écoute,
- préparer l'action, puis demander.

- Tes actions de mains doivent être **discontinues.**
- Si tu talonnes sans cesse ou bien si tu as tout le temps les jambes serrées, le poney devient insensible à tes jambes.

Avec tes mains, tu **agis** pour communiquer.
- Si tu veux insister sur un tournant ou le faire plus précis, tu maintiens plus de pression sur tes rênes. Cela s'appelle **résister** avec ta main.
- Lorsque ton poney a bien tourné, tu arrêtes ton action sur les rênes. Cela s'appelle **céder** dans tes mains.

En résumé : les aides peuvent agir, céder ou résister.

Les notions sur l'incurvation

Pour tourner à droite ou à gauche le poney doit être incurvé, c'est-à-dire "plié" dans la direction dans laquelle il va. C'est parce qu'il s'incurve ainsi que tu peux réaliser un tracé précis et tourner facilement.
- Pour cela tu dois utiliser les **aides de l'incurvation.** Si tu as pris l'habitude de mettre ton corps, tes mains et

ton regard dans la direction où tu vas, il y a de fortes chances que tu sois déjà naturellement dans les aides de l'incurvation.

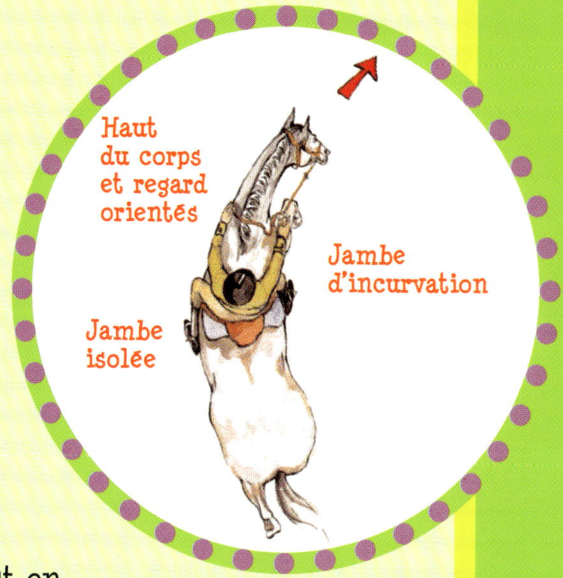

Les **aides de l'incurvation** sont pour une courbe vers la droite :

- jambe droite à la sangle (c'est la jambe intérieure). Elle s'appelle la jambe d'incurvation.
- jambe gauche légèrement en arrière de la sangle (c'est la jambe extérieure). Elle est en position de jambe isolée. Elle sert à empêcher les hanches de déraper,
- les mains et le haut du corps indiquent la direction à prendre.

Le contrôle de la vitesse

- Dans chaque allure tu peux avoir plusieurs "vitesses". Dans les couleurs, on trouve le bleu clair, le bleu normal, le bleu marine. Ce sont les nuances de bleu. C'est la même chose dans les allures. Ainsi, le pas, tout comme le trot et le galop, peut-être lent, normal ou rapide.

- Pour **allonger,** au pas, le poney a besoin de son encolure, déplie un peu les bras.
- Au trot, le poney peut allonger sur des rênes ajustées, et des mains qui ne bougent pas.
- Au galop, les rênes restent ajustées comme pour le trot.

- Tu dois aussi avoir des nuances dans l'emploi de tes aides.

En descendant de poney

Poser et rouler des bandes de repos

- Les bandes de repos se posent après le travail du poney.
Parce qu'elles gardent la chaleur autour du canon et du boulet, elles assurent une meilleure circulation du sang pendant que ton poney est au repos.

- Elles sont faites dans un tissu épais et souple.

- Avant de les poser, tu dois placer un tissu en coton sur le bas de la jambe. Il est assez grand pour faire le tour du canon.

- Tiens ta bande, en commençant sous le genou ou sous le jarret,
– Déroule la bande en allant vers le boulet. Quand tu as bien fait le tour du boulet, tu remontes vers le haut du canon.
– s'il te reste de la bande, redescends un peu, avant de fermer le scratch.

- Il n'y a pas de secret, il faut s'entraîner pour que ton travail ressemble aux dessins !

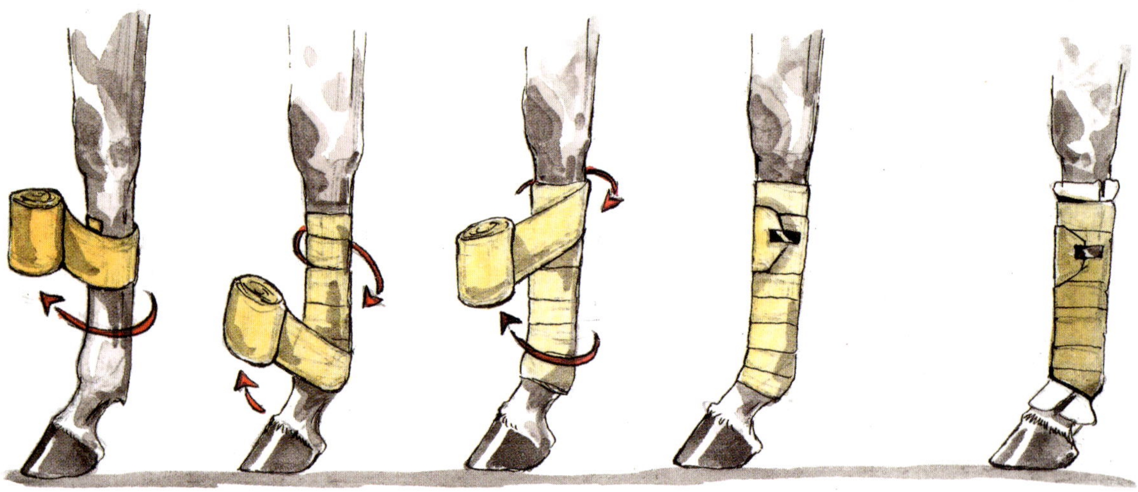

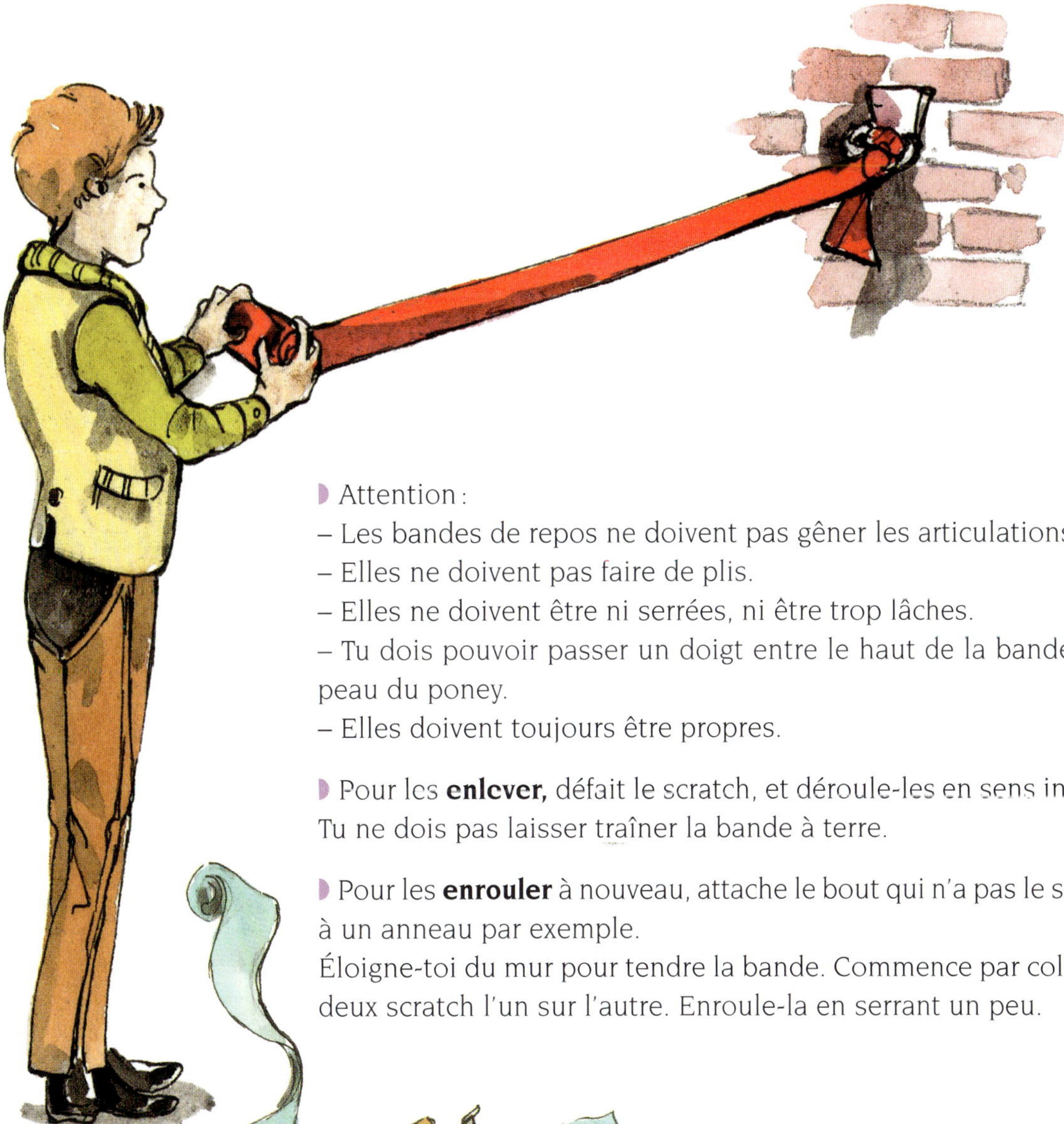

▸ Attention :
– Les bandes de repos ne doivent pas gêner les articulations.
– Elles ne doivent pas faire de plis.
– Elles ne doivent être ni serrées, ni être trop lâches.
– Tu dois pouvoir passer un doigt entre le haut de la bande et la peau du poney.
– Elles doivent toujours être propres.

▸ Pour les **enlever,** défait le scratch, et déroule-les en sens inverse. Tu ne dois pas laisser traîner la bande à terre.

▸ Pour les **enrouler** à nouveau, attache le bout qui n'a pas le scratch à un anneau par exemple.
Éloigne-toi du mur pour tendre la bande. Commence par coller les deux scratch l'un sur l'autre. Enroule-la en serrant un peu.

Connaissances sur l'alimentation

- Le poney est un herbivore. Son estomac est fait pour recevoir de petites quantités d'aliments toute la journée. C'est ce qu'il fait lorsqu'il est au pré.

- Lorsque le poney vit en box, le palefrenier le nourrit entre trois et cinq fois par jour, cela dépend des clubs. Sur une litière en paille (voir page 109) le poney s'occupe toute la journée en mangeant de la paille. Si sa litière est en copeaux, il faut lui donner du foin, pour qu'il ne s'ennuie pas.

- La quantité de nourriture donnée à un poney ou un cheval à chaque repas s'appelle la **ration.** Elle varie en fonction du poids de l'animal, de sa taille, et du travail qu'il fournit.

La paille et le foin

- La paille peut être de blé ou d'avoine. Elle est surtout dans le box pour occuper le poney ou le cheval, afin qu'il grignote les brins de blé oubliés.

- Le foin est de l'herbe coupée puis séchée avant d'être mise en botte.
C'est un aliment très complet pour l'équidé. Un bon foin doit être sec, et dégager une bonne odeur. Il n'est pas poussiéreux, il n'a pas de moisi. Si tu dois donner du foin et que tu trouves qu'il ne sent pas bon, avertis aussitôt ton enseignant ou le palefrenier.

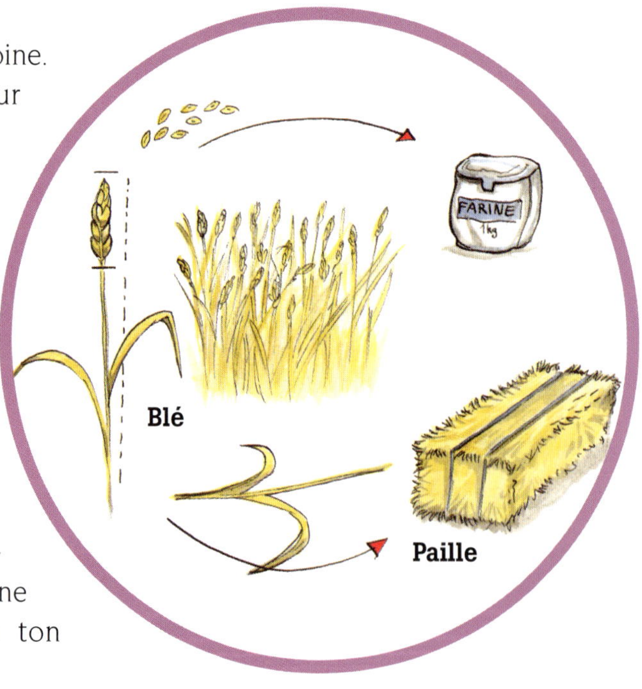

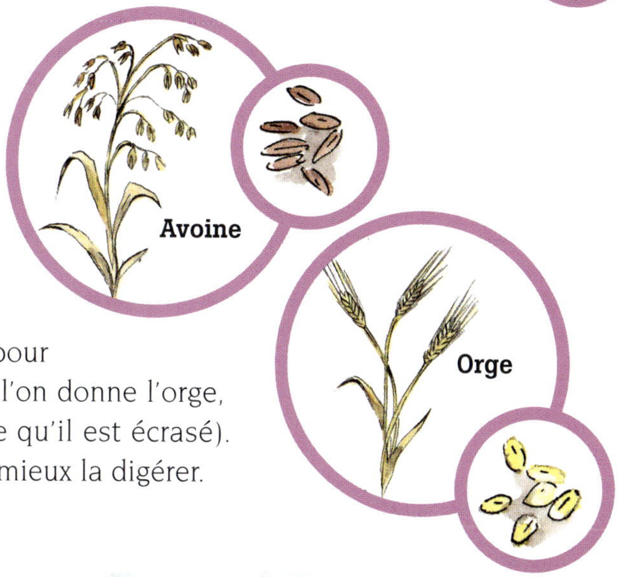

Les grains naturels

- L'avoine est un aliment qui donne de l'énergie. Elle peut être blanche, noire ou grise.

- L'orge est un aliment que l'on utilise pour faire grossir. Elle est blanche. Lorsque l'on donne l'orge, le grain est souvent aplati (c'est-à-dire qu'il est écrasé). Cela permet au cheval ou au poney de mieux la digérer.

Les grains industriels

- Les grains industriels s'appellent des granulés. Ils sont fabriqués avec tout ce dont le poney a besoin. C'est un aliment déshydraté. Cela veut dire qu'on lui a enlevé toute son eau, pour mieux le conserver. Il faut donc absolument que le poney puisse boire à volonté.

- Évidemment on peut rajouter dans cette ration quelques pommes, des carottes ou du pain dur. Ce sont des friandises pour lui.

- **L'eau** est indispensable à la vie du poney. Il doit pouvoir en consommer entre 20 et 40 litres par jour. Elle doit toujours être propre et claire. Quand tu passes dans le box ou dans la stabulation, vérifie que l'eau est propre, que rien ne vient la salir.

Les soins de tous les jours

Tu sais à présent panser, examiner, soigner les membres avant et après le travail, doucher, graisser les pieds, et poser les protections de travail. Tu sais aussi qu'il lui faut une bonne litière, une alimentation de bonne qualité, et de l'eau à volonté. Maintenant il faut que tu apprennes à remarquer si le poney est malade, autrement dit, s'il est « bizarre ».

Quand tu arrives près du poney, il doit être **comme d'habitude,** si quelque chose est différent dans son attitude, va prévenir ton enseignant.
S'il a l'air triste, s'il est agité, s'il regarde ses flancs sans cesse, s'il se lève et se couche plusieurs fois, il fait peut-être une colique. C'est une maladie qui peut-être grave pour le poney. Préviens vite ton enseignant !

Un poney ne se plaint jamais, il souffre en silence : **il faut donc que tu sois attentif pour lui.**

Pour le moral des poneys qui vivent en box, ton enseignant les mets en liberté dans le manège. Si tu peux, regarde-les se rouler, se gratter, se mordiller. S'ils sont plusieurs dans le manège, regarde leurs jeux. Observe les oreilles et leur façon de communiquer entre eux.

Ce qui est important c'est que le poney ne **s'ennuie pas.** C'est un animal curieux, attentif, il a « soif » de relation. N'hésite pas à lui faire un pansage même si tu ne le montes pas, et à l'emmener, à pied, brouter de l'herbe. Tout ce qui peut le distraire de son box sera « génial » pour lui.

Le coin des parents

Avoir son poney

● Si votre « chère tête blonde » vous demande d'acheter un poney, pas de panique !

● Si vous achetez un poney, adressez-vous à un club : il vous proposera une prestation appelée la « pension ». Le prix de la pension comprend en général l'hébergement de l'équidé, son alimentation, le nettoyage de son box, et la surveillance sanitaire de base. Il faudra régler le maréchal-ferrant et le vétérinaire en plus.

◗ S'il est en box, votre poney devra sortir tous les jours. Ceci est à votre charge ; si vous ne pouvez venir, le club le fera pour vous mais vous le facturera comme prestation.

● Le propriétaire d'un poney en pension dans le club souhaite partager le prix de cette pension, en échange d'une utilisation partielle de l'animal. C'est ce que l'on appelle « prendre une demi-pension ». Vous avez à définir un accord précis sur les modalités de ce partage.

C'est une solution intéressante qui permet de tester sur la durée la passion de votre enfant.

◗ Les avantages :

– c'est la possibilité de monter plus souvent à condition de bien établir avec le propriétaire les horaires et les jours où c'est votre tour.

– L'enfant devient responsable de cet animal, pour lui c'est une preuve qu'il grandit.

– Le report affectif, les émotions partagées avec ce poney, sont autant d'éléments importants pour son développement personnel.

– Les coûts sont divisés par deux.

◗ Les inconvénients :

– Le partage a ses contraintes à bien établir avant.

– L'attachement affectif peut devenir très fort, envers un animal qu'on ne possède pas vraiment. D'où certaines situations difficiles à gérer si l'animal est vendu ou quitte le club.

– Monter toujours le même poney donne moins d'expérience équestre.

– Si l'animal est malade, les coûts augmentent et les heures de monte sont moins nombreuses.

Imprimé en France par I.M.E. – 25 110 Baume-les-Dames
N° d'édition : 004216-02 – Dépôt légal : juillet 2007